超一流の強運力

安田正

はじめに〜誰でも確実に「強運」になれる！〜

「運命はどこかよそからやってくるものではなく、
自分の心の中で成長するものである」

作家　ヘルマン・ヘッセ

「人間の運命は人間の手中にある」

学者　サルトル

「自分の運命は自分で管理しなさい。
でなければ、あなたは
だれかに自分の運命を決められてしまう」

実業家　稲盛和夫

（成功の秘訣を聞かれて）「運だね」

実業家　松下幸之助

はじめに

『超一流の強運力』を手に取っていただきありがとうございます。著者の安田正です。

私はこれまで、コミュニケーションや英語学習の本を数多く出版してきました。そんな私が今回「強運」という、これまでとはまるで異なる分野の本を書こうと思ったのには、理由があります。

日本経済は長く不況が続いています。さらに、それに追い打ちをかけるように2020年に起こったコロナウイルスの問題。今、大きな渦に巻き込まれて人生に迷っている人が多くいます。飲食業であれば営業自粛を余儀なくされたり、航空業界や旅行業界、レジャー産業では、転職を考えざるを得なくなったり、リストラされる人も出てきています。そのほかの業界でも、自分のところは安泰などという方はいないでしょう。

しかし、こんな**大転換の時代だからこそ、自分の人生を変えるチャンスも転**

がっています。ピンチはチャンスとよく言われますが、まさにその通り。逃げ腰になるのではなく、みなさんにはぜひ「強運力」を身につけて、幸せをギュッとつかみ取ってほしいと思い、本書を執筆しました。

私は一九五三年生まれですが、社会人になった頃（一九七〇年代）は、世の中の多くの人々が、

「大きな家に住みたい」
「大きな冷蔵庫が欲しい」
「カラーテレビが欲しい」
「かっこいい車が欲しい」

という明確な目標を持っていました。

さらに人生プランも、

「いい大学を出て、大企業に就職する」

「会社に勤めたら、結婚相手を探して家庭を持つ」

「三十年のローンを組んで３ＬＤＫのマイホームを建てる、子どもは二人」

「子どもは大学まで卒業させて、自分は六十歳まで勤め上げたら無事年金をもらって、その後は悠々自適なリタイア生活」

……というふうに、「これこそが幸せな人生だ」という典型的なモデルがありました。それは、二〇〇〇年くらいまでずっと続いたモデルだったのではないでしょうか。


ところが、それが徐々に崩れ、今はすっかり状況が一変しました。

まず、家電も車も何もかも、私たちの生活にはすでに便利な物が溢れかえっています。若い人ほど、物欲がないとも言われます。「あのブランドの〇〇が欲しい」「お金を貯めて〇〇を買いたい」という欲望が仕事の張り合いになっている人はほぼいないでしょう。

むしろその対極で、身の回りの物をできる限り減らして暮らすミニマリストが大流行りです。

さらに、**人生プランとなると、幸せの典型モデルは完全に消え去りました。**もはや終身雇用などなくなり、大企業であってもリストラは当然のようにあります。

今や「安泰だから大企業に入る」などと言ったら、時代遅れすぎて鼻で笑われてしまうでしょう。

そして、何といっても多くの日本人に見られる共通の不安は、「将来の年金は期待できないし、老後はどうやって生きていったらいいんだろう……」というものではないでしょうか。

まさにこれからは、**「自分はどうやって生きていけばいいのか」「どうしたら、生き残っていけるのか」**といった、大きな不安を抱えてしまう時代になったのです。

実際、私は若い方々からそんな質問をよく受けます。

確かにものすごいスピードで変化をしているこの時代、

「このままこの仕事を続けていいのか」

「この先どんなスキルを身につけたらいいのか」

「何をしたらいいのか」

そんな悩みを抱えるのは当然です。

そして、そんな悩みを聞いていると、たいていの人が「まずは手に職をつけるために資格を取ってみよう」と考えて、学校に行ったりしていることがわかります。

しかし、残念ながら弁護士や会計士などといったこれまでの超エリート資格でも、今後は安泰ではありません。努力の末、無事に資格を手にしたからといって、将来への不安を解消できるものではないのです。

あるいは、不安解消のためにスピリチュアルの分野へ足を踏み入れる人もいます。今はスピリチュアルセミナーが大盛況です。

しかし、当然のことながらそれでは、「どうしたら今後、自分は生き残っていけるのか」という根本的な悩みは解決されません。

このように、資格でもなくスピリチュアルでもなく、何をしたらいいのかわからない……。そんな**八方塞がりな気持ちを抱えながら生きているのが、現在の私たち日本人**ではないでしょうか。

成功者たちに共通する秘密とは……

私はもともと仙台の田舎町の生まれです。後の章でも書いていますが、質実剛健な両親のもと、小さな家で質素に育ちました。

さらに、希望の高校にも、そして、大学にも入ることはできませんでした。そして、やっと滑り込みで就職できたのは小さな英語学校。社員は私を入れてわずか5名でした。

何が言いたいかというと、貧困でこそないものの、私は決して恵まれた環境にいたわけではない、ということです。

若い頃はちょうど今の若い人と同じように、「これから先、僕はどうしたら幸せに生きていけるのか……」と悩んでいました。

おまけに、その頃から自律神経のバランスを崩しだしました。しょっちゅう冷や汗が出るほどの吐き気や腹痛に襲われるという、本当に苦しい日々が始まったのです。

特に電車に乗るとそんなパニックに襲われるので、わざわざ各駅停車に乗って、いつでも駅のトイレに駆け込めるようにしていました。そして、ズボンのポケットには、いつ吐き気をもよおしてもいいようにビニール袋を忍ばせていました。

いま振り返っても、かなり悲惨な二十代です。

当時、仕事では営業として成績を上げていたものの、体調が思わしくなかった私は、いつも悩み続けていました。

「どうしたら、僕は幸せな日々を手に入れられるのだろう」

という悩みです。

その後、会社を辞めて、研修会社を立ち上げ、これまで三十二年間経営してきました。もちろんその間、順風満帆だったわけではありません。特に最初の十年は、資金繰りの問題や社員のマネジメントなどで、いつも悩みだらけでした。

「ああ、どうして自分ばかりがこんな目に遭うのか……」

と嘆き、

「どうしたら、未来への不安が少しでも減るのか」

と、もがいていました。

そんな私ですから、**若い時から「幸せになること」「成功すること」をずっと模索せざるをえなかった**のです。

そして、自分の未来への手がかりが欲しくて、仕事先でお会いした方々に

「どうしたら、そんなふうに出世して成功できるのですか」

と質問していました。

その数、約二百人。しかも、上場企業の役員――たとえば、銀行の頭取、大企業の専務、経営者など、そうそうたる方々ばかりにです。

すると驚くべきことに、そんな方たちの99％以上が

「運です」

と答えたのです。

表現は違えど、本当にみなさん同じ答えでした。99％ですから、おそらくそれが真実でしょう。

そして、二百人の成功者がくださった回答から、私は「運」というものに興味を持つようになり、さまざまな本を読んだり、運についての話を聞いたりするようになりました。

たとえば、知り合いのＩＴ系の会社の社長に、なぜ社長になれたのかと聞いてみました。すると、もともと本命と目される本部長がいたが、その人が病気

になり、自分が大抜擢で昇進し、その後トントン拍子で出世して社長になったと言うのです。ご本人も、**「どうしてそうなったのかわからない。運としか言いようがない」**と語りました。

このように、私は仕事柄も手伝って、何千人という人たちの人生の浮き沈みを間近で見てきました。

また、私自身も「強運」を感じる出来事をいくつか経験してきています。つい先日起こったことをお話ししましょう。

ふと思い立って、ある友人に久しぶりに電話をしたところ、

「実は、いま友達のTさんと飲んでるんだよ。TさんはS社の役員をしていてね、ちょうど安田さんの書いた『雑談力』の話をしていたんだよ」

と言われたのです。

そして、「直接話がしたいって言ってるんだけど、いいかな」ということで、

Tさんが電話を代わりました。
「はじめまして、安田と申します」
「いやー、あの本すごく面白く拝読しましたよ……」
と、ほんの一分くらいですが、会話をさせてもらいました。

この出来事は、ほんの些細な偶然に思えたのですが、なんと次の日に、「安田さんの『雑談力』の講演をS社でやってほしい」とのご依頼を受けたのです。

たまたまの電話→偶然にしていた私の本の話→ほんの一分の会話→講演をご依頼いただく

まさに、**「運」は現在進行形で動いている**、と感じずにはいられない出来事でした。

もしも私があのときに電話をかけなかったら、本を書いていなかったら、一分の電話で話した内容が別のことだったら、何か一つでも違っていたらこのご依頼はなかったでしょう。

私の人生には、**あるときからこのような「強運」が舞い込んでくるようになったのです。**

そして、私は他人の「運」のみならず、自分の「運」についても事例研究を重ね、これまでの自分自身の会社経営や営業経験を振り返り、まとめてみました。

すると、**「運」という得体の知れないものの輪郭が、かなり明確に**なりました。そして、**「運」の実体はもちろん、その法則性までもつかめるようになった**のです。

左ページの図をご覧ください。これは、私が作った「強運フローチャート」。「強運」になるための全体像を示した図です。

ここにあるように、**「強運」になるには、自分なりの**
「強み」
「チャレンジングプレイス」
「夢」
を把握することが不可欠です。

そして、それらを明確に把握するためのツールが、それぞれあります。

本著では、この図の詳細な内容とあなたのすべきことを、段階を踏みながらわかりやすく解説していきます。

強運フローチャート

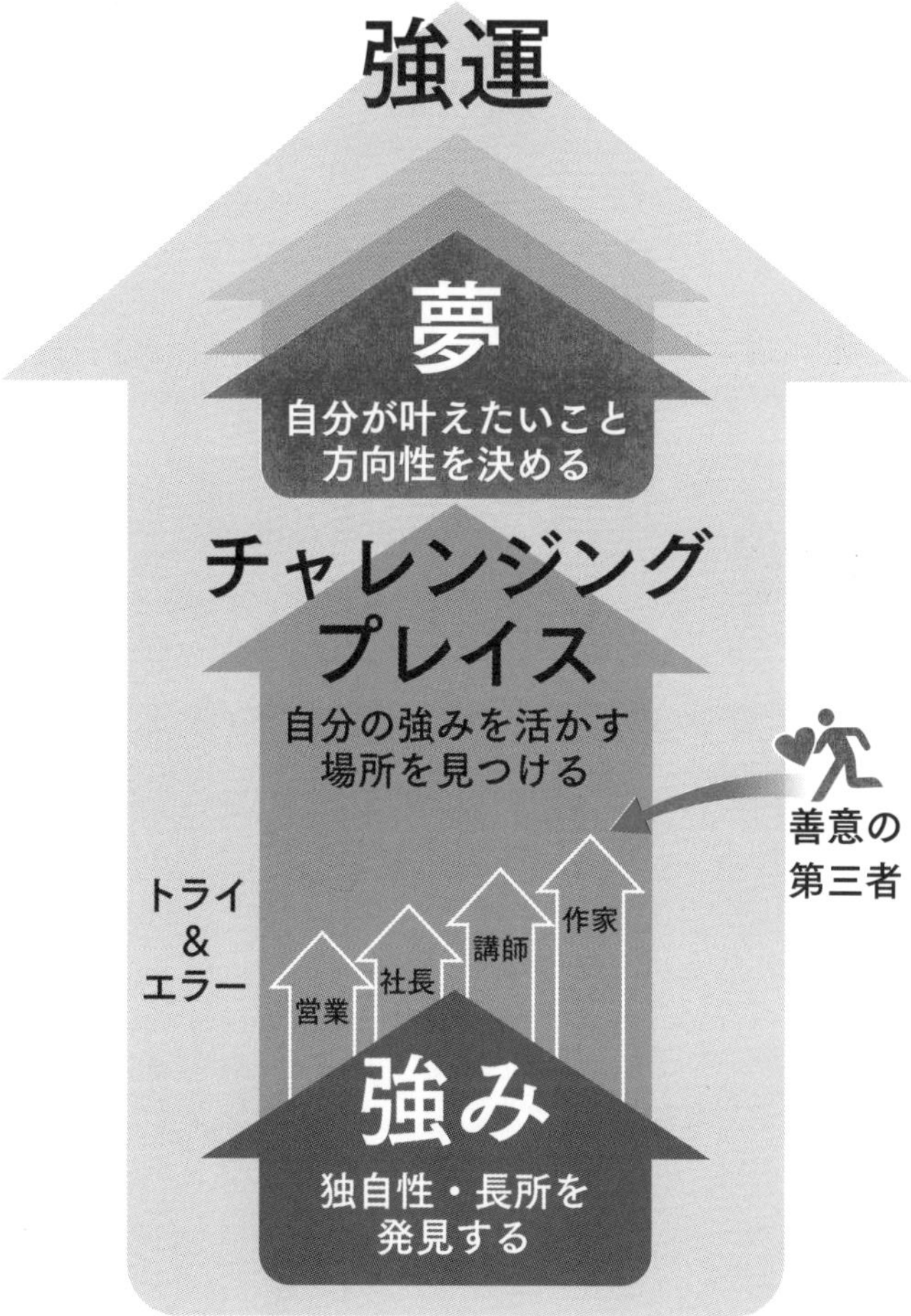
強運
夢
自分が叶えたいこと
方向性を決める
チャレンジング
プレイス
自分の強みを活かす
場所を見つける
善意の
第三者
トライ
&
エラー
営業
社長
講師
作家
強み
独自性・長所を
発見する

これまでの「強運」に関する本は、ゲンを担いだり、何かスピリチュアル的なものに頼ったりして「強運」になることを目指すものがほとんどでした。しかし、そういった方法では、うまくいく人もいるでしょうが、それこそどうなるかは運次第。ほとんどの人が変化や効果を感じられなかったはずです。

本書はそうしたものとは一線を画すメソッドです。**不確実性に頼るのではなく、誰でも確実に「強運」になれる、再現性のある方法**をここに初公開します。

本書が、これまで私に多く寄せられてきた
「どうしたら今後、自分は生き残っていけるのか」
というみなさんの悩みの解決の一助となることを願っています。

2021年2月吉日　安田 正

CONTENTS

第3章

自分の「強み」と「チャレンジングプレイス」を発見する

第4章 「ご機嫌」が強運へのカギを握る

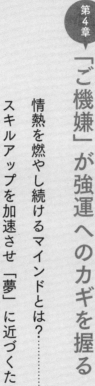

第1章

「運」に対する大きな誤解があった！

「運がいい」と「運が強い」はまるで違う

「強運」をつかむための第一歩として、まず「運」の定義を理解することから始めましょう。

「はじめに」でも述べたように、私は約二百人の成功者に「成功の秘訣は何ですか」と質問して、その内容を詳しく聞いてきました。

みなさん異口同音に「運です」と答えたのですが、その後、運に関するエピソードを深く聞いていくと、ある大きな事実に気づきました。

それは、**一般的に私たちが考えている「運」と、成功している人の考えている「運」には違いがあった**ということです。

一般的に考えられている「運」とは、こんなことではないでしょうか。

「宝くじが当たった！」

「万馬券が当たった」

「カジノで大儲け」

小さな日常のことでは、

「オレは晴れ男だから、ゴルフの日はいつも晴天だ！」

「おっ、ちょうどいいタイミングでバスが来たぞ、ラッキー」

こんなことなら、実際にみなさんも体験されているかもしれませんね。


こうした出来事は、一般的に「運がいい」と言われます。

しかし、これら一連の**「運がいい」は、自分ではコントロールできない、天から降ってくる幸運**です。


せいぜい運をよくするために自分でできることと言えば、

・金色のものを玄関に置く
・神社に行く
・毎日トイレ掃除をする
・ラッキーな方角を確認する

といった、いわゆるゲンを担ぐようなもの。要は、スピリチュアル頼み、神頼みということではないでしょうか。

一方、本書でいう、そして成功者たちから聞き出した**「運」とは、自分でコントロールできるものであり、自分で「運を強く」していくことができるもの**です。受け身で待っているようなものではありません。自分で探し、勝ち取るものです。

それは、成功者たちを見ればわかります。彼らは**「運」を自分の方法で強く**

し、コントロールした結果として、成功を手に入れたのです。

ここで、「運」についての面白い実験を紹介しましょう。イギリス・ＢＢＣが行った実験なのですが、運がいい人と運が悪い人が宝くじを買ったところ、結果はどうなったと思いますか？

運がいい人の方が、宝くじで大金をゲットして幸せを手にしていそうな気がしますよね。でも実際の結果はというと、運がいい人も悪い人も、宝くじに当たる率は同じでした。つまり、**天から降ってくるような幸運の確率は、運がいい人も悪い人も同じ**なのです。

幸運の確率はどんな人に対しても同じなのに、成功者はみな「成功の秘訣は運だ」と言っています。それは、自ら運を強くし、コントロールしていることの証拠ではないでしょうか？

卑近な例ではありますが、私が何冊も本を出版した経験からも、それがベストセラーになるかどうかは「運」次第だと思うところがあります。しかし、その反面、**ベストセラーへの道筋を自ら模索してこそ「運」がつかめる**とも思うのです。

おかげさまで今では編集者や同じ著者仲間に、「こんなにベストセラーをたくさん出して『運』がいいですね」と言われています。

しかし、これまで、どうしたら人に読んでもらえるのかを考えに考え、研究を重ねた上で、何十冊も上梓してきました。

さらに、ベストセラーになるまで書店への挨拶まわりをしたり、手作りのポスターを作って馴染みの店に貼ってもらったり、他の著者と比べても売れるための努力をしてきたと思います。

こう考えると確かに、「運がいい」と「運が強い」は違うものです。

「運がいい」は、たまたま本が時流に乗って売れたということ。

「運が強い」は自分のテーマをとことん理解し、素晴らしい本だと思ってもらえるように、そして多くの方々の手に届くように自ら行動することです。

私はこれまで多くの人の話を聞き、自分の人生を振り返ることで、「運がいい」と「運が強い」は違うこと、「運が強い」は自分次第でつかめることを確信しました。

もし、あなたが「自分は運が悪い」と思っているとしたら、それは偶然性のなす「運が悪い」がたまたま続いているか、自ら運を強くするための行動を起こしていないかのどちらかでしょう。

ですから、自分には運がないなどと諦めるのは早計です。誰でも自らの行動によって、運を強くしていくことができるのです。

では、「強運」になるためにはどんなことが必要か、次のページから見ていきましょう。

強運ポイント❶

「運がいい」と「運が強い」は違う。
「運がいい」は天から降ってくるもの（＝偶然性）、
「運が強い」は自分でコントロールできるもの（＝必然性）。

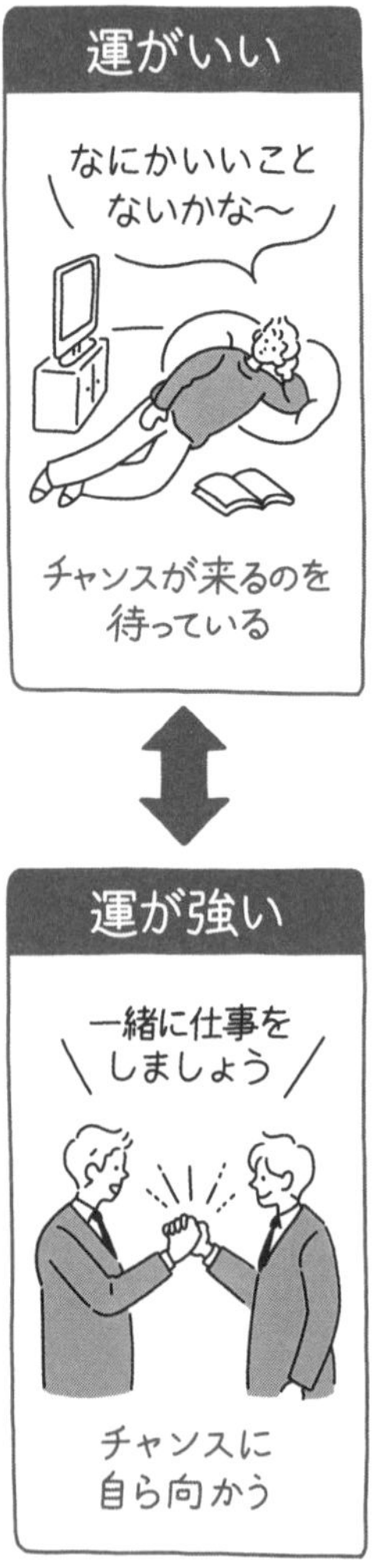
運がいい
なにかいいこと
ないかな〜
チャンスが来るのを
待っている
運が強い
一緒に仕事を
しましょう
チャンスに
自ら向かう

史上初！「強運フローチャート」

「強運」には、いくつかの欠かせない要素があります。それらが組み合わさって大きな強運の流れを作っていきます。

その全体像を表した35ページの「強運フローチャート」をもう一度ご覧ください。

まず、強運になるには「夢」が不可欠です。これは自分の叶えたいことであり、人生の方向性を決めるものです。

「お金持ちになりたい」「海外に住みたい」「ゲームで稼ぎたい」「好きなときに好きな場所で仕事がしたい」など、何でも構いません。自由に思い描いてみましょう。

そして、その「夢」に向かって行動していくわけですが、**強運であるためには自分の「強み」の上に行動を積み上げていかなければなりません。**ここが大事なポイントです。「強み」とは自分だけの独自性・長所のこと。この「強み」という土台の上での行動でなければ、意味がないのです。

世の中の成功者と言われる人たちを思い浮かべてみるとわかるでしょう。**成功者は必ず自分の強みを最大限に活かしている人たち**です。

自分が持っていないものに行動をいくら掛けても、「0×行動＝0」「1×行動＝1」となって積み上がっていきません。

詳細は後ほど説明しますが、**「強み」の上に行動を積み重ねるから「夢」は叶う**ようになっています。

次に、**「強み」を活かす場所・活動・仕事を探す**ことです。これらの場を私は「チャレンジングプレイス」と呼んでいます。まさに「強みを活かすべく、

強運フローチャート

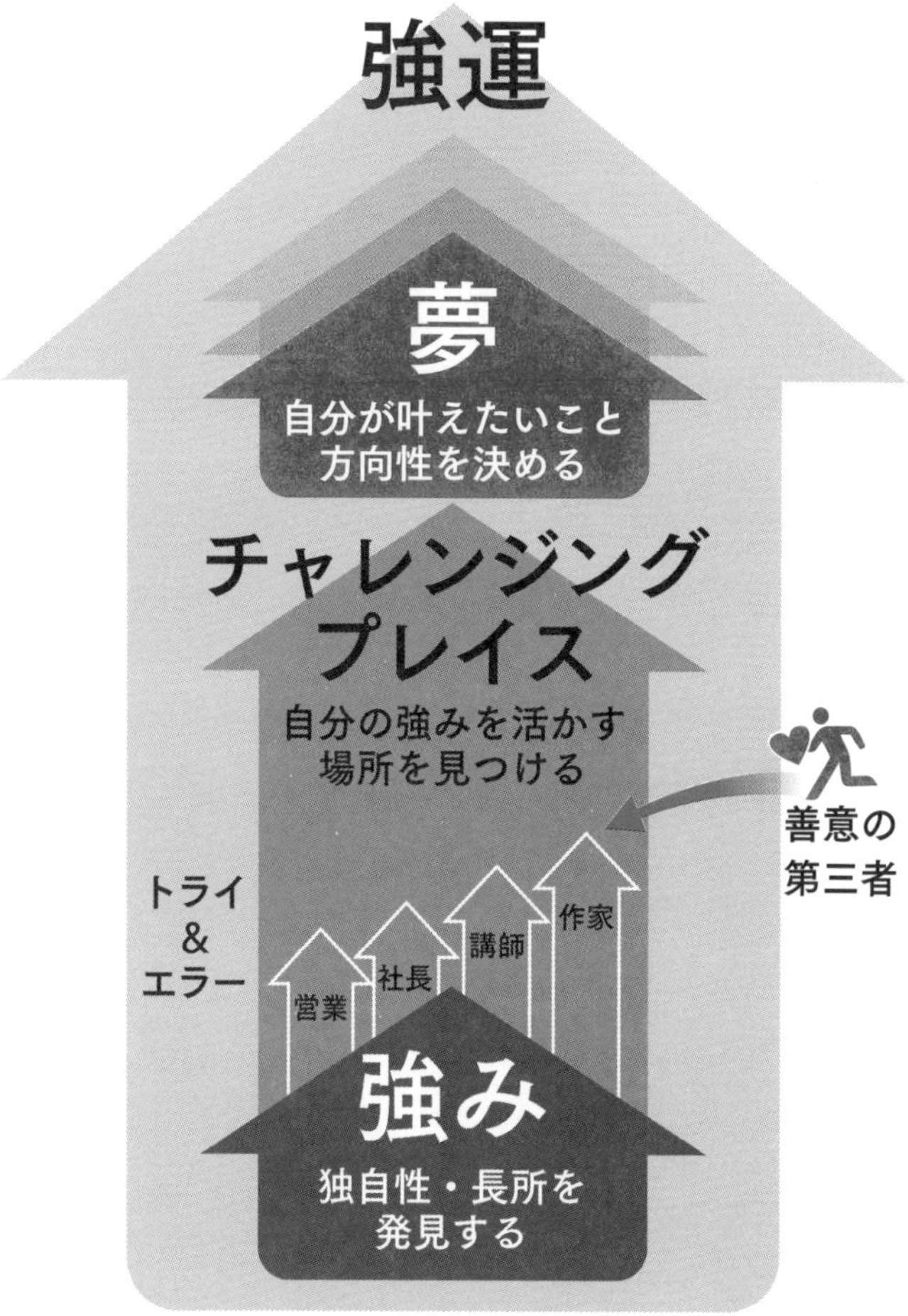
強運
夢
自分が叶えたいこと
方向性を決める
チャレンジング
プレイス
自分の強みを活かす
場所を見つける
善意の
第三者
トライ
&
エラー
営業
社長
講師
作家
強み
独自性・長所を
発見する

挑戦を重ねる場」です。

これは、とにかく試してみるしかありません。「いろいろな場で試す↓結果が出るかどうか」を繰り返すことで、自分にとっての「チャレンジングプレイス」がどこなのかがわかってきます。

わかったら、その場で「強み」を発揮しつつ、次なる場所を探していくと、新たな「チャレンジングプレイス」がいくつも現れてきます。

図にあるように、私の最初の「チャレンジングプレイス」は「営業」でした。それが第二の「チャレンジングプレイス」である「社長」につながり、次には「講師」になり、現在の主な活動の場である「作家」へとつながりました。

このように、**「強み」↓「チャレンジングプレイス」↓「夢」への流れをうまく作ることが強運である**、と私は考えます。

前述したとおり、この**大きな強運の流れを作るのはあなた自身**です。**天から降ってくる「幸運」のようなものではありません。**

強運フローチャートをよく理解して実践することで、誰でも運が強くなります。この流れができると、どんどん夢に近づいていきますから、あなたもきっと「自分は運が強い」と思えるようになるでしょう。

強運ポイント❷

強運フローチャートは、1「夢」、2「強み」、3「チャレンジングプレイス」で成り立っている。

第2章

「夢」を持つことで、強運への道が拓かれる

「どこに向かって歩くのか」を決める

「夢」を持つことは「強運」に欠かせません。

ここでの**夢とは、私たちが歩くときの「目的地」のようなもの**です。たとえば、朝、仕事へ行くために「駅」に行く、夜、仕事から戻るために「家」に帰る、あるいは買い物のために「スーパー」へ行くなどです。

歩くプロセスが目的の散歩であってもそうです。散歩にも「目的地」があります。思いのままプラプラ歩いたとしても、最終的には必ず「家」に戻るでしょう。

このように、人が歩くときには必ず「目的地」があります。

もし、**人が全く「目的地」なく、最終的に「家」に戻るつもりもなければ、途中で「一体私はどこへ行きたくて歩いているのだろう」と思って、きっと歩くことをやめてしまう**でしょう。

この点が「強運」へ向かって歩く場合も同じです。

「強運」になるには、

「目的」――何のために「強み」を活かすのか、または、

何ができたら自分は「強運」だと確信できるのか――

が明確でなければなりません。

そしてその**「目的地」へ向かって強みを活かしながら歩いていくことが、「強運」への道**なのです。

強運の人はみんな「夢」を持っている

ここで、先人の例を見てみましょう。やはり、**運が強かった人たちはみな、「夢」を持つことから、強運への道を歩き始めた**ことがわかります。

たとえば、冒頭でも例として挙げた松下幸之助さんは、「日本中の母親を家事から解放してあげたい……」、そんな思いからパナソニック（旧・松下電器産業）を興しました。これが強運になるための「夢」です。

最初は身近な母親への思いでしたが、やがて日本中の母親への思いへと広がっていきました。そして、何十年もかけて壮大な夢を実現していったのです。

ソニーの創業者の一人である盛田昭夫さんの「夢」は何だったでしょうか？

有名なエピソードとして、こんなことがあります。

まだソニーがトランジスタラジオしか作っていなかった頃、その商品をアメリカに持っていくと、「ＯＥＭ（オーイーエム）だったら売ってあげます」という返事だったそうです。

つまり下請けとなり、ソニーの名前を伏せてアメリカの会社の商品として売るということです。あの当時、日本の多くのメーカーがそうしていました。

しかし、そんな決断を迫られた盛田さんの返事は「ＮＯ」でした。

そして、ソニーの名前で、自ら売り出したのです。

といっても当時はまだ無名の、商品といえばトランジスタラジオしかない中小企業です。売上は伸びず、苦戦を強いられたことは想像に難くありません。

それでも、盛田さんは踏ん張り、工夫に工夫を重ねて売り続けました。決断を迫られたとき「ＯＥＭでいいです」と返事をしていたら、それほどの苦労はなかったでしょう。

しかし、そうしていたら世界に名だたるあのソニーは生まれなかったかもしれません。

私から見ると、盛田さんは**目先の売上より、「この会社を世界一にして、ソニーの名を世界に知らしめる」、そんな「夢」を選んだ**ということだと思うのです。

そのとき、うまくいくという確信があったかといえば、決してそうではなかったでしょう。しかし**「夢」に向かって、独自に歩く道を選択し、努力をしたことが、「運が強い」ということになった**のです。

おそらく、多くのオリンピック金メダリストもそうでしょう。「オリンピックで金メダルを獲る」という夢を掲げ、まずは、日本一の選手になることを目指します。そのために、地域や地区大会で優勝→都道府県大会で優勝→全国大会で優勝、と昇り詰めていく。

そんな発展のプロセスをたどりながら、何年もかけて、膨大な練習量を積み重ね、金メダリストになっていくのです。

こうして、**夢に向かって努力をし、階段を上っていくことが「強運」につながっていきます。**逆にいえば、夢がない人はこの強運の物語の主人公にはなれません。

ですから、**まずはあなたの「夢」を決めることから始めましょう。**

それは壮大でなくても、身近なことでも大丈夫です。

「夢」のスケールは、今あなたが置かれている立場、経験値、実績、また好きなことや幸せだと感じることによりますから、他人と比較する必要は一切ありません。むしろ、**他人の目は気にすることなく、自分自身を見つめ、本当に望んでいること、本音を洗い出しましょう。**

その具体例として、私の実例を次の項で説明します。

いずれにしても、「夢」がないと、いったい何に向かって「運」を強めていったらよいのか、また、自分の「運」が強まっているのか、それとも弱まっているのかも、わかりようがありません。

「夢」があってこその「強運」なのです。

強運ポイント❸

「強運」になるための第一条件は、明確な「夢」を決めること。

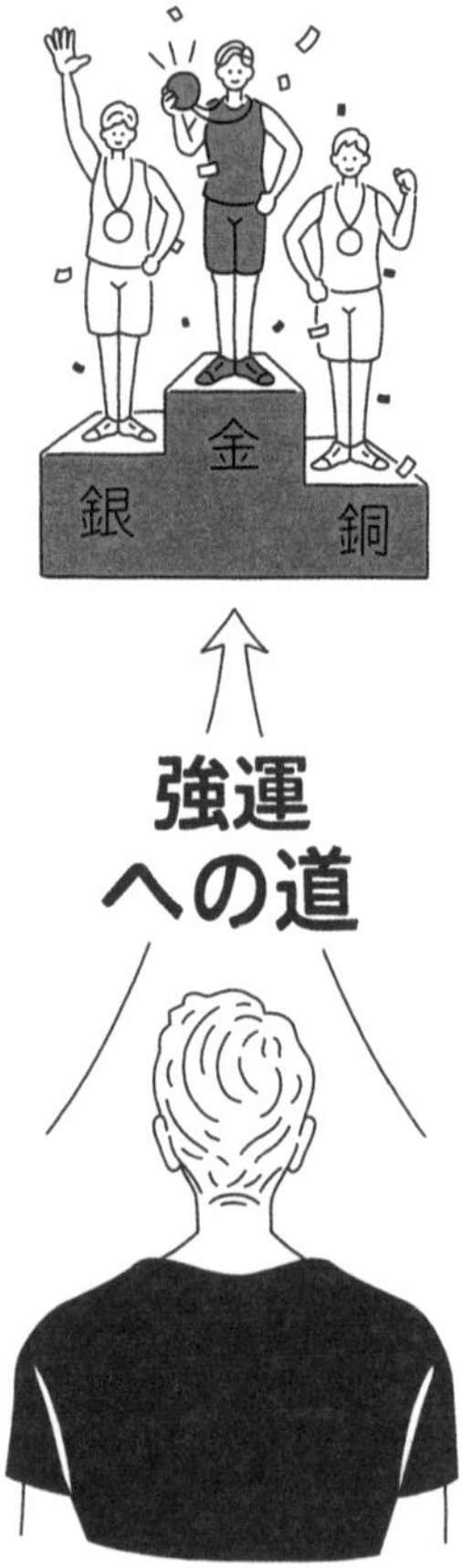

大きな家に住むのが人生の夢だった

さて、あなたの夢は何でしょうか？

すでにくっきりと描かれている人、夢はあるけれど小さいから……と臆している人、まだ何も描けないという人、それぞれでしょう。

セミナーで夢の話をすると必ず、「いくら考えても夢が描けません」という方がいるので、ここで私の例を挙げてみます。

私には**子どもの頃からずっと、「大きな家に住みたい」という強烈な願いがありました。**本当に、心の底から願っていました。

仙台で生まれ育った私は父親が刑務官であったため、官舎にずっと住んでいました。仙台という寒い地域にもかかわらず、信じられないことに当時あった暖房は火鉢だけ……。当然、冬は寒すぎて眠れないことさえありました。

さらにお風呂は家の外にあったので、小学生になって友達の家に遊びに行くようになると、お風呂が家の中にあるのを見て、心底羨ましいと思ったものです。高校生になってガールフレンドができても、狭すぎる家には招くことさえできませんでした。

ですから、私はどうしても大きな家を手に入れたかったのです。**大きな家を想像するだけでワクワクしました。**

「広々とした居間があって、そこにはソファーがあって……」

「庭には芝生が広がっている……」

今思うとごくごく普通の一軒家ですが、子どもの私にとっては、まるで豪邸のようなイメージでした。そして、実際にそんな一軒家の折り込みチラシの写真を、毎日、穴が開くほど眺めていました。

「いつかこんな家に住みたい！」と毎日、家のことを考え、情熱を燃やしていたのです。

大学生になり、仙台から神奈川に移って一人で住むようになっても、狭いことに変わりはありません。狭いアパートにお風呂がついていることには感動しましたが、それまでシャワーという存在すら知らない生活を送っていたことに愕然としました。

こんな子ども時代、学生時代を送ってきた私が社会人になると、**「広い家を会社の近くに建てる」という具体的な夢**を描くようになりました。

そして、夢を実現させるべく、**「お金を稼ぐ、貯金をする」**ことに邁進しました。

これが、私が「強運」になっていく道のりとなったのです。

「負のスプリング」で夢を設定する

このように、私は過去の暗い経験を基に、気がついたら夢を設定していました。みなさんの過去にも、恥ずかしかった、嫌だった、辛かったという「負」の経験が一つや二つあるのではないでしょうか？

私はこうした「負の遺産」をバネにして夢を設定する方法を、「負のスプリング」と名付けています。

日本人は子ども時代、学生時代に、夢を描いて人生のゴールを設定するという教育を受けてきていません。ですから、夢を設定する段階でまず、つまずいてしまう人が多いのです。

そこで、**あえて過去の不幸な体験に目を向けて洗い出し、それをスプリング（バネ）にし、「正」の方向に転換する方法**を紹介しています。

負の遺産はどんなことでも構いません。いじめられた、両親が不仲だった、受験で失敗した、勉強ばかりさせられた、などなど……。

それを「正」の方向に転換すると、夢の輪郭が見えてきます。いくつか具体例を挙げてみましょう。

・勉強できないのが惨めだった、友達にバカにされていた

←

出世街道を歩んで社長の座に就く、

もしくは、起業して社長になる

・小さいときから塾にばかり通わされて、好きなことができなかった

←

嫌いなことは一切やらないで好きなことを突き詰める、

以前から好きだったことを仕事にする

・親がいつもお金のことでイライラし、喧嘩ばかりしていた

豊かな資産を築き、愛情あふれる温かい家庭をつくる ←

こうして見ると、**あなたの中にくすぶっていた「負」の部分さえ、夢を描くのに役立つ**ことがわかるでしょう。

中には、全く負の経験がないという恵まれた人もいますが、そういう場合には「○○があれば幸せだ」ということをスプリングにして、それを伸ばしていけばいいのではないでしょうか。

ただ、私の場合はこれまで、「何くそ!」という反発心が強力なエネルギーとなってきました。

強運ポイント ④

過去に「負」の経験があればラッキー。それを「正」に転換して「夢」を設定しよう。

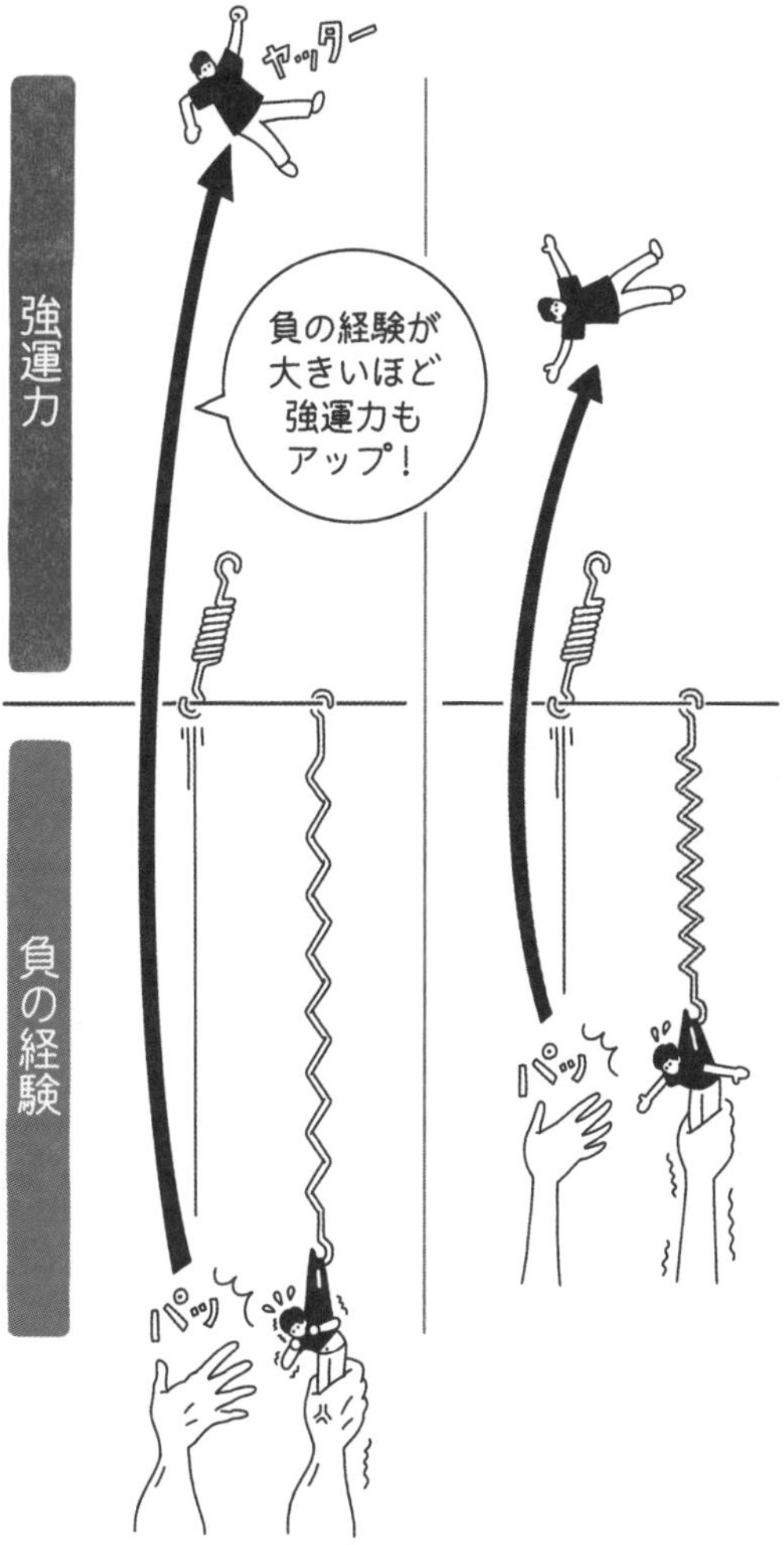

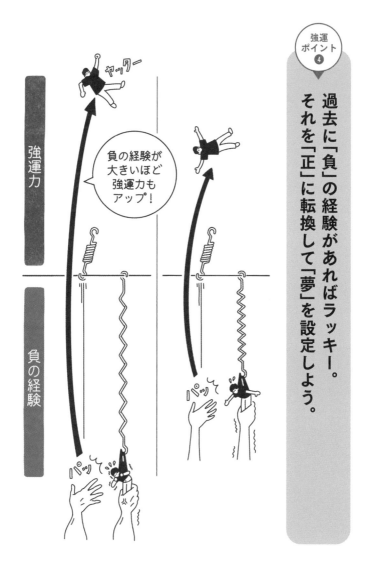

COLUMN

夢は人それぞれ、比べる必要はない

ここで、強運の流れをつかんだ一人の若者の話をしましょう。

彼はブログやYouTube、そしてTwitterなどのインフルエンサーとして知られるMさんです。

性格は、彼自身いわく「ネクラ」で「ひきこもり」。

たしかにYouTubeの動画を見ている限り、そのようです(笑)。饒舌なユーチューバーとはちょっと違い(動画の中身はとても役立つ内容ですが)、内気そうな青年という感じです。

そんな彼が叶えたいことは、「ひきこもって暮らしたい、また、一生働かなくていい人生」だと言います。

ついでに「ゲームが好き。一日に十時間くらいすることもある。ずっとゲームをしていたい」とも言います。

つまり、彼の「夢」ははっきりしています。

・ひきこもって暮らす
・一生働かなくていい
・一日中ゲームをやっていたい

ということです。

もしかしたら、これを聞いてあなたは「そんな都合のいい人生あるの？」と感じるかもしれません。

しかし、Mさんは現在、見事に夢を叶えています。それは「強み」を活かし「チャレンジングプレイス」を見つけたからです。

まず、「強み」は「ひきこもり」だということ。

えっ？　これって強み？　むしろ弱みじゃないの？　と思われるかもしれませんね。

けれど、彼は「一人でいるのが好き」、というか「人と関わるのが苦手」ということを「強み」に変えてしまったのです。

そして「チャレンジングプレイス」は、最初に伝えたように「ブログ」や「YouTube」などインターネットの世界です。

ブログもYouTubeも基本、一人作業です。実際、家にひきこもって、粛々と毎日毎日、作業をするしかありません。

案外、それが辛くて挫折してしまう人も多いもの。

それを彼は「ひきこもれるのは、むしろ好都合」ととらえ、何年も作業し続けました。

Mさんはインターネットという「場」を使い、しかも一見強みとは思えない「ひきこもり」という性格を「強み」にして夢を叶えた人なのです。

私のような人間からすると、新しいタイプの若者として大変興味深い事例です。しかし、あなたの中にもこうした一見、「弱み」としか思えないけれど、花開く可能性を秘めた部分があるのではないでしょうか？

それに気づいて、深く掘り下げてみると、「強み」に転じる方法や場所が必ずあるはずです。

「お金を稼ぐ！」と決めたが現実は……

「職場の近くに大きな家を建てる！」

「欲しいものは不自由なく手に入れる！」

「そのために稼ぐ！」

そんな切なる願いと共に、私の社会人人生は始まりました。


しかし、小さなスイス系の英語学校へ就職した私の初任給は二十万円。年収で三百万円にも届きませんから、「お金に不自由しない」とはほど遠い状態でした。

まさにスタートから逆境です。しかも、こともあろうに絶対にやりたくなかった営業をやることになってしまいました。

当時、営業といえば

・ノルマがきつい
・お客さんに断られたら傷つきそう
・ノルマが達成できなくて上司に怒られる
・仕事量が多い

など、最悪のイメージばかり。新卒の私は本当に逃げ出したくてたまりませんでした。

でも、夢を叶えるためには、ここで踏ん張るしかありません。やっと就職できた会社なのに、「営業が嫌だから辞める」などと言い出す勇気も正直ありませんでした。

そこで考えました。どうしたら、少しでも夢に近づけるのか……。
まずは、見様見真似で営業に取り組むしかありません。

営業の先輩に同行した際に、こっそり音声を録音し、それを何度も聞き直す。聞きながらポイントをメモする——。そんなふうにして、自宅に帰っては夜な夜な先輩の営業トークを真似ることに励んだのです。

電話でアポイントを取りつける「アポ取り」も同じです。先輩の営業トークをこっそり録音→ポイントをまとめる→練習→実践、この繰り返しです。

誰もが夢へのスタートは、こんなふうではないでしょうか？ **準備万端の順風なスタートなど切れなくて当たり前**です。しかし、**それでもまずは進まなくてはなりません。**

私は当時、新入社員の必死さもあり、やっていること自体何だかよくわからないまま、とにかく夢中で営業らしきことを始めました。そのときにはまだ、「お金を稼ぐ」夢に近づいている感覚はまるでありませんでした。

具体的には、まずは受注しやすい個人の英語レッスンの営業からスタートしました。友人たちに、「英会話レッスンに興味ない？」と声をかけるところから始めたのです。

そして、一人、また一人と買ってもらいました。

しかし、本命である企業研修の担当者へのアポイントとなると、そう簡単にはいきません。

ですから、「一日百件」と自分でノルマを決めて、とにかく電話をかけまくりました。最初は本当にキツかった。

百件中アポが取れるのは一件とか、そんな感じです。それが一週間続きます。あまりにもキツかったので、なんとか楽になりたいと、言い方や声の出し方の工夫を重ねて、毎日毎日、改善していきました。

すると、次の週には、八十件に一件アポが取れるようになりました。それだけでも飛び上がるほど嬉しいものでした。そして、また改善を重ね、次の週は六十件に一件……のようになり、一ヶ月もすると電話でアポイントがポロポロ取れるようになってきたのです。

そして、アポイントが取れたクライアントを訪問して、営業トークをします。「トーク力」は私の強みでもありますから（詳細は第3章で書きます）、それを活かすことでお客様に気に入っていただき、受注までこぎつけることができました。

すると、何とか三ヶ月くらいで仕事が回るようになり、売上も立ち、次第にやりがいを感じられるようになったのです。これを続けられれば、給料アップも近いうちに望めます。

実際、一年後には大幅に昇給できました。

また、本業以外に副業として、大学生のときからやっていた家庭教師のアルバイトを土日だけ続けることにしました。

実は、社会人になってまでやるつもりはなかったのですが、「○○さんの子も教えてほしい」という紹介が途切れることなくあり、そういうことならと継続していたのです。

この副業は今のアルバイトと比べても割がよく、時給一万円ももらっていました。英文科を卒業し、教員免許を取って、英文法が一番の強みであった私は、当時から英語の受験対策が得意でした。しかも、何人も教えているうちにノウハウがたまり、必ず合格させる家庭教師としてご近所では有名になり、口コミで毎年生徒さんが来てくれていたのです。

これで、月に八〜十万円くらい（年間にすると百万円前後）のアルバイト代が入ってきていました。

ちなみに、新卒当初は本業の稼ぎにプラスしたくてやっていた家庭教師でしたが、結局、三十年間も副業としてずっと続けていました。

その理由は、ありがたいことに毎年お声がけをいただいていたのと、私が支店長や会社の社長になったときに、自分のアシスタントや社員たちにご馳走する機会が頻繁にあったからです。

一回一回の食事代は少額ですが、これも積もれば結構な金額になり、自分の給料からだけでは足りません。そんな必要経費のためのお金として、家庭教師の月十万円ほどのアルバイト料を充てていました。

そんな**周りの人に使うお金も、結局は夢への必要経費**だと思って続けていたのです。

本業で稼ぎ、節約で貯め、自己投資に励む日々

こうして、曲がりなりにもお金が入ってくるようになるとありがちなのが、新しい車を買ったり、友達と飲み歩いたり……と、消費生活を謳歌してしまうこと。すると、せっかく収入が増えても、結果的にプラス・マイナス・ゼロになってしまいます。


しかし、私はその点、有利でした。

腸炎や自律神経失調症の持病があるため体調が悪く、とても飲みに行ける状態ではありませんでした（今では考えられませんが……）。

また、前述のように、私はバスや電車に乗れません。パニックになり、気持ち悪くなってしまうからです（当時から自分で駐車料金を払って、車で出勤していました）。

そんな状態ですから、土日だからといって友達と遊ぶこともできず、家庭教

師はできたからやっていた、という面もありました。

本当に心身ともに辛い日々でしたが、営業の売上が伸びて、やりがいを感じていたのが心の支えでした。

当時の私の一番の喜びが、預金通帳を開いて貯まっていく金額を眺めること。家計簿もちゃんとつけて、お金の管理に励んでいたのです。

また、貯金ではないですが、「自己投資」に励んでいたのもこの頃です。

体調が悪く、土日は家にいるかアルバイトをするしかなかった私にとって、暇な休日にすることといえば、読書くらいしかありませんでした。もちろん、現在のようにインターネットで動画を見ることなどできません。

もともと、読書は好きな方だったので、専門書や長編の歴史小説などをむさぼるように読んでいました。

専門書というのは、私が大学時代から学んでいた英文法の本。言語学者であるチョムスキーの「生成文法」という理論を提唱したかなりマニアックなものです。

実は、そのときに学んだ理論が後の拙著『英語は「インド式」で学べ！』のメソッドに大きな影響を与えました。

また、長編小説とは吉川英治の『三国志』全八巻です。

このとき私の心に深く刻まれたのは、日本以外の異文化の価値観、スケール感です。これはのちのち異文化の研修や英語の研修の際にも役立ち、大きな財産となりました。

今振り返ると、あんなふうに時間を持て余していたときくらいしか、あれほど大量の読書はできません。

しかし当時、読書に没頭できたのは、やはりそれが「自己投資」として自分の夢に近づく土台になるのではないか、と感じていたからだと思います。

変化の兆しに気づく【半年後】

このように私の二十代は、本業と副業に精を出し、ほとんど無駄遣いのない生活を続ける、華々しさのかけらもないものでした。

そんな私が最初にお金の変化を感じたのは、社会人になって半年くらい経ったときのことです。

いつものように通帳を眺めていると、毎月一、二万円くらい残るようになったことに気づきました。ある日、

「あれ？　実感はないけど数字が増えている……」

と思ったのを覚えています。

毎月一、二万といえばわずかな額ですが、入社から半年ではそんなものでしょう。当時は結婚する友人が多く、お祝い金を払うのも大変でしたが、通帳には

わずかながら貯まっていたのです。

この時点で、**私の「夢」である「お金を貯めたい、稼ぎたい」**へのささやか**な一歩を踏み出した**ことになります。

「強運の一歩」とは、たいがいこんなふうに始まります。その**変化の多くは、ほんの些細なことなので、ぜひ見逃さないようにしてください。**

そうでないと

「本当にこんな努力でいいのか」

「本当に夢に近づいているのか」

「そもそもやる意味があるのか」

などと気持ちが萎えてしまいます。

しかし、**半年間、「夢」に向かって行動すれば、必ず変化の兆しが現れます。**

それはほんの小さな兆しですが、どんな偉大な「夢」に到達した人であっても、**最初は小さな達成から始まっています。**
それをぜひ、心に留めておいてください。

強運ポイント 5

ゴールへ向かって半年後の小さな達成を見逃さない。

半年までに九割が挫折する

私の事例からもわかるように、「夢」への第一段階は、おおよそ半年くらいで変化の兆しが感じられるようになることです。


しかし、この半年の間に多くの人が挫折しています。

三日坊主という言葉があるように、すぐやめてしまうのです。

いや、三日坊主どころか、**せっかく「夢」を持ったのに一歩も踏み出さずにいる人もたくさんいます。**私の感覚では、**一歩も踏み出さない人が九割くらいいる**でしょう。


あなたはいかがでしょうか？　この本を読み、

「よし！　強運になるぞ。僕の夢は○○にしよう！　がんばろう」

と意気込んだとします。

しかし、日常に戻れば仕事があり、帰宅して晩ご飯を食べ、時にはビールを飲み、ついついＹｏｕＴｕｂｅを見て……とやっていると、あっという間に日付が変わってしまいます。

「ああ…今日は何もできなかった」

で一日が終わっていないでしょうか？

実は、この繰り返しが、九割の人たちの行動パターンです。決意はしたものの何も変わらず、日常の延長が続いていきます。

これでは残念ながら強運にはなりません。

ほんの一歩でいいのです。今すぐ自分の「夢」を決め、それを書き出し、最初の一歩を踏み出しましょう。

振り返れば、私の強運への第一歩は、社会人になっても土日の家庭教師アルバイトを続けていたことと、毎日、貯金通帳を眺めて、家計簿をつけていたことです。

そんな些細なことで構いません。**「夢」に向かって何でもいいので、すぐに行動を始めることが大事**なのです。

COLUMN

努力は習慣にすれば苦しみではなくなる

努力というと、「わかっているけど、努力は大変」「その努力が続かないから困っているのに……」と、早々に諦め気分になってしまう人がいます。

しかし、世の中には工夫次第で努力を続けている人がいるんですね。

その一人が、私の友人の山下誠司さん（美容室「EARTH」、株式会社アースホールディングス取締役）です。「努力は習慣にすれば苦しみではなくなる」というのが、まさに彼の名言で、著作『年収1億円になる人の習慣』の中でも語っています。

その山下さんはとにかく、この二十年近く休みをとったことがありません。「サロンオーナーとして日本一になる！」という夢があったので、それに向かって邁進しているからです。

彼の日課は、仕事の時間や自己研鑽の時間を確保するため、早朝（三～四時）に起きることから始まります。

しかし、もともとは夜型だったので、早起きは相当苦しかったと言います。なかなか起きられないので、目覚まし時計を三個、四個、五個と増やしながら、気合いで起きていました。

ところが三週間たったある日、目覚まし時計が鳴る前に、パチッと目が覚めるようになったのです。

それが、「努力」→「習慣」になった日でした。その日を境に、早起きが以前ほど辛くなくなったそうです。

そんな「習慣化」の達人・山下さんの言葉だからこそ、「努力は習慣にすれば苦しみではなくなる」に、とても共感できるのです。

夢へのプロセスで、努力はどうしても必要となってきます。しかし、苦しいので、みんなすぐにやめてしまいます。

その**努力を楽にする唯一の方法が「習慣化」**です。私自身もそんなふうにしてきた習慣がいくつもあります。

今、努力という言葉にめげそうになっている人、実際に苦労して努力を重ねている人に、この山下さんの言葉をお贈りします。ぜひ、日々の行動に落とし込んでみてください。

悩んだら、成長曲線を意識する

行動を始めても、実際のところ、最初の半年間は実感を得られないことのほうが多いでしょう。努力しているのに進んでいる実感がゼロ、もしくは進んだり戻ったりを繰り返す感じです。

すると、「こんなことをしていて意味があるのか」「本当にゴールに近づいているのか」という思いが湧いてきて、挫折しやすくなってしまいます。

そのようなときに思い出してほしいのが**「成長曲線」**です。

次のページの図は、夢への成長曲線を表したものですが、そこにあるように、ほとんど**成長していないような時期が長らく続き、半年から一年経ったある時点を境に一気に上がります。**

これは売上なども同じです。私のビジネスでも、何度もこの成長曲線を経験してきました。

夢への成長曲線の例

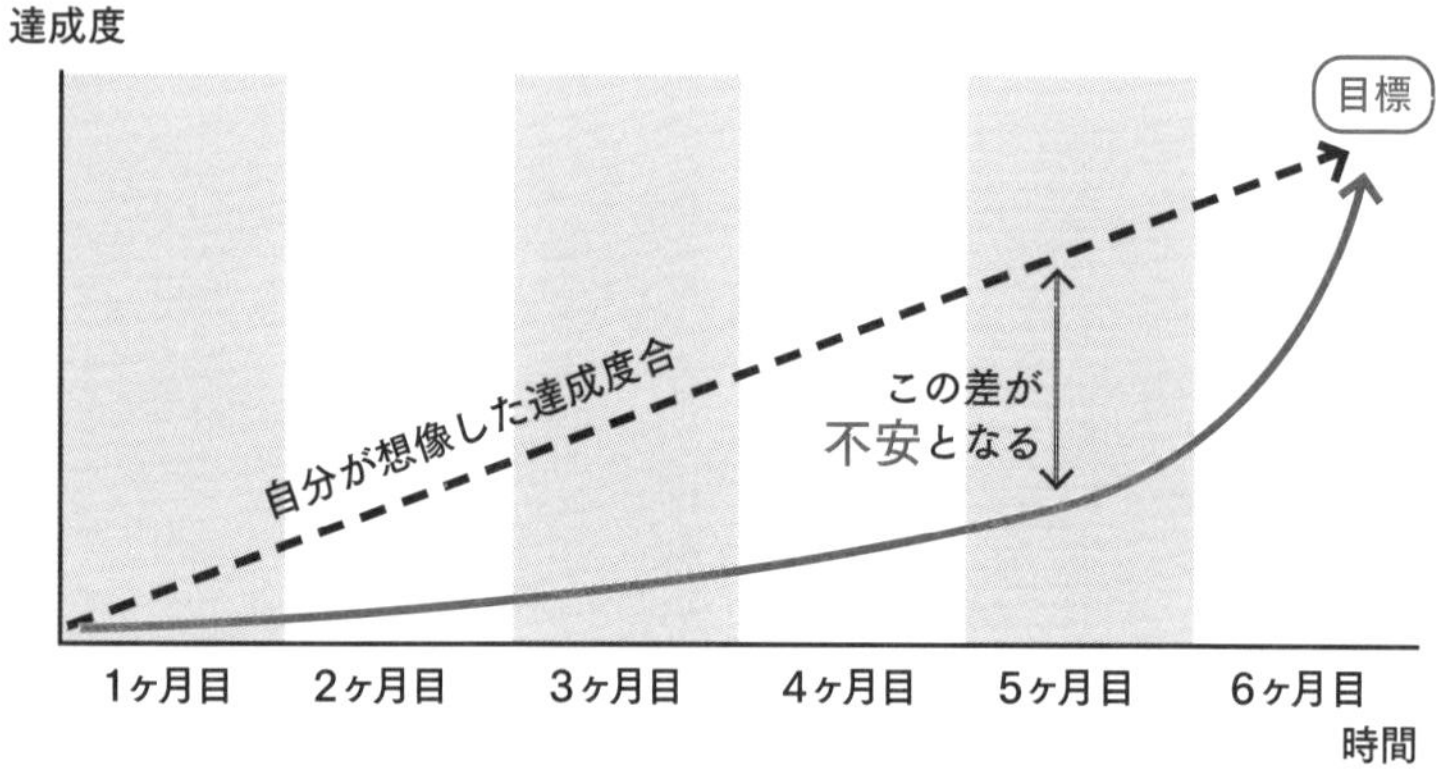

そして、この**ほとんど成長の実感が得られない最初の時期に、みんな諦めてしまう**のです。

その気持ちはよくわかります。毎日何かしらやっているのに全く変化を感じられなかったり、あるいは時にマイナスになってしまったら、努力している分、本当に気持ちが萎えてしまうことでしょう。

しかし、これは**「夢」へ近づくためには必ずみんなが通る道**です。

この期間は、決して無駄な時間ではありません。実は、ここで運を貯めているのです。私はそう考えます。

貯めていればいるほど、後々大きな運がやってきます。

逆に、努力してすぐに結果のようなものが出たとしても、それは強運といえるほどの運ではありません。

成長曲線の急カーブがやってくるタイミングは人によって早い、遅いがあります。なぜなら、人それぞれの創意工夫、改善の数によるからです。このことも知っておくと、かなり気持ちを安定させることができます。

継続していれば、必ず変化の兆しは現れます。

それを励みに、強運へ一歩一歩近づいていってください。

強運ポイント❻

最初の兆しは「半年」が目安。そこまでは成長の実感がないものだと心得ておく。

がんばり続けるための原動力

大きな家を手に入れるためにお金を稼ぐという「夢」に向かって歩き始めて一年経った頃、ようやく目に見える変化が出てきました。

当時、英語学校の営業のノルマは月八十万円だったのですが、なんと千七百万円もの大型案件を受注したのです。それを契機に、どんどん売上が伸びるようになりました。おかげで、それまで二十万円だった月給が一年後には六十万円に。驚かれるかもしれませんが、中小企業では、新人でもこのような給料アップがあり得るのです。

そのおかげで少々余裕ができた私が買ったものはというと、「広い家に住んだら、家の中に置きたい小物類」でした。

たとえば、ちょっとお洒落なライト。あるインテリアショップで、少々値が張るものを購入し、

「ああ、こんなライトがあると家が何倍もよく見える」

と眺めては、夢のイメージを膨らませていました。

さらに購入したのは、高級置き時計、マットなど。当時のわが家といえば、相変わらず狭いひと間のアパートでしたが、小物だけは充実していきました。


おかしいのが、友達から素敵なホーロー鍋をもらったときのことです。

「これはお洒落なキッチンにピッタリのイメージだ」

と、当時ぼろぼろのアルミ鍋しか持っていなかった私はワクワクしました。

ところが、かなり大きな鍋だったため当時の台所には合わず、結局ちょっと余った十円玉とか五円玉のための小銭入れになってしまいました。

今では笑い話になっていますが、こんなふうであっても「夢」に向かう実感が得られることはワクワクと胸躍るものでした。


世の中にはひたすらお金を貯めるのが好きな人がいますが、私はそうではなく「物欲」があります。それを自覚していますし、否定はしません。むしろ、その**「物欲」をがんばるための原動力にしてきました。**

振り返ると、あのときがんばり続けられたのは、小物類が増えることで、目に見えてだんだん夢に近づいているという実感が持てたからだと思います。**「大きな家」を手に入れる道のりはまだまだ長いですが、小さな達成感はそれも苦にならなくしてくれる、とても大事なものでした。**

物欲があるというと、世間一般的にはよいイメージではないかもしれません。しかし、**自分の本音に従わなければがんばりは長続きしませんし、モチベーションも上がりません。**

それが何かは、人によって、また夢の内容によって違うでしょう。

お店を開きたいという夢であれば、休日を利用して物件めぐりをするのが楽しいかもしれません（もちろん買わずに見るだけです）。

将来、海外を飛び回りたいという人は、お洒落な旅行グッズを少しずつ買い集めるのもいいでしょう。

あなたにとって「夢が叶った状態を疑似体験できるちょっとした達成感」は何でしょうか？

強運ポイント7

夢が叶ったつもりの体験でモチベーションを上げよう

目に見える変化が現れる【一年目】

「夢」を決め、それに向かって歩み始めて一年を過ぎると、多くの場合、目に見える実感を伴った変化が現れます。

- **数字で測定しているもの（お金など）が目に見えて増える**
- **以前より自己肯定感が増したり、自信が感じられたりする**
- **「こんなことをしていていいのだろうか……」という迷いが減る**

などです。

これを感じられるまでが、いわゆるゼロイチの期間でした。成長曲線でいうとフラットな部分です。

ところが、**一年を過ぎた頃には、この「ゼロ」から「イチ」への変化を自分で認識できるようになります。**

まだ先は長いのですが、**こうした変化を感じとり、この時点で「もっと先へ行こう」という新たなモチベーションを持つことが大事**です。

とはいえ、やみくもに先へ先へと気持ちが焦ってしまうのもよくありません。焦りすぎると、かえって途中でバテてしまうことにつながるのです。

そこで最終的な目標に確実に到達するために必要になるのが、「振り返り」です。

高い山を登りきるために欠かせないこと

山登りで一番大切なことを知っていますか？

それは「休む」こと。それは文字通り「体を休める」ことですが、**それ以上にもっと大切なのが、そこで「振り返る」こと**です。

山登りで休んでいるときは、自然と今まで登ってきた景色を上から眺めることになりますね。

それは、「ああ、ここまで登ってきたのだ」という実感が湧く、感慨深くて達成感が得られる瞬間です。

「ああ、がんばったな、自分」と。

夢に向かって歩き始めて一年経った頃にやってほしいのが、この「振り返り」です。**自分のがんばりを認めることが、頂上まで向かうモチベーションにつな**

がるのです。

この時点で、自分が一年間やってきたこと、それによって変化したことを書き出してください。それを、つぶさに見ていきます。

すると、**この一年は、もしかしたら、これまでの人生のどの一年より濃厚な時間だったと気づくかもしれません。**

その書き出したことを眺めて、達成感を十分に味わってください。そして、がんばった自分に惜しみない賞賛のエールを送りましょう。

強運ポイント 8

夢への行動を一年間続けたら、じっくり振り返り、達成感を十分に味わおう。

COLUMN

「自分へのご褒美」で小さな達成感を味わう

達成感を味わい、夢へのモチベーションを高めていくことは本当に大事です。それこそが、「自分ならできる」という自己肯定感につながるからです。

その達成感を目に見える形として味わうためにおすすめなのが、「自分へのご褒美」です。

特に成長曲線の最初の時期は、本当に辛い道のりです。この時期、私はほんの数ミリでも前進したら、自分にご褒美を与えていました。

それが、土曜日の朝兼昼の「特別ご褒美ごはん」です。

まず、「営業で○件の成約が取れたらご褒美」と自分の中でルールを決めます。そしてそれを達成できたら、近所のレストランで当時二千七百円のハンバーグ定食＋スイーツを食べていました。

それは当時の私にとっては贅沢なご馳走です。毎週土曜日に、目標を達成した満足感と豪華な食事とで、心もお腹も満たされました。

一方、成約が未達だった場合には、近所のうどん屋で四百五十円のうどんを食べていました。

「来週はハンバーグ定食とスイーツを食べるぞ！」とつぶやきながら……。

達成感はこのように形あるご褒美にしてみると、たいへん実感が湧き、またモチベーションが上がるものです。

ご褒美は人によってそれぞれなので、ぜひあなたなりのご褒美を設定してみてください。

周りの人が気づき始める【二年目】

「大きな家を建てるためにお金を稼ぐ」——そんな夢に向かって邁進していた私は、一年が過ぎた頃に給料が増えました。なおかつ、こっそり副業をしていたので、月に八十万円ほど稼ぎ、貯金をかなり殖やしていました。

もちろん大きい家を建てるにはまだまだ足りないので、とにかく無駄遣いはせず、生活費も抑え、「貯金の鬼」となっていました。

ちょうど一九七〇年～八〇年頃は、世の中の景気がおおむねよく、貯金にはとてもいい時代でした。信じられないくらい金利が良かったのです。

貯金がかなりの額になると定額預金だけではもったいないので、利率7％という超金利のいい終身養老保険という商品を買って運用することにしました。

この積み立てが最初のうちは月三万円でしたが、そのうち月十万円も積み立てるようになりました。二十代の頃から、それだけの保険を積み立てる人はなかなかいないでしょう。

ですから、私の資産もこれまた成長曲線と同様、最初に比べるとすごい勢いで伸びていきました。

そして何よりも励みになったのが、強みを活かし、夢に向かってコツコツと努力して二年も経つと、**自分の強みが周りの人にも「強み」として認識されるようになった**ことです。

私の場合は「営業の売上」という数値化できるわかりやすい根拠があったので、誰の目にも成績が伸びていることがわかります。そして、**「営業トークが抜群の安田さん」と、会社内外の人に言ってもらえるようになりました。**

私の「強み」が、自他共に認めるものになったということです。

これは必ず、あなたにも訪れる瞬間です。そうなると、**急に夢へのステージ**

が上がったことを実感するでしょう。なぜなら、**周りの人があなたを認め、チャンスをくれるようになるからです。**

実際、私の場合には大きな出来事が二つありました。

一つ目は、社外のお客様から特別に目をかけて、育ててもらったことです。

その方は当時のクライアントさん、ヨーロッパの大手ブランドを扱う最大商社の支店長でした。そんな私より四十歳も年上のNさんにある日、声をかけられたのです。

「安田君、あなたはきっと将来社長になるに違いないよ。そのときに営業トークだけではダメなんだ。会社の資金繰りで数字が見られるようにならないと。ちょっと、私が数字について教えてあげようか、どう?」

と言っていただいたのです。

私のような新入社員にとっては雲の上のような方。しかも、私の会社の外国人講師がレッスンに遅刻して営業担当の私が謝りに行ったりと、褒められるような仕事をしていませんでした。それまでたった二、三回挨拶しただけなのに、なぜそんな僕に……。


本当に驚きの出来事でしたが、正直、自分自身も一生サラリーマンで終わることはないと薄々感じていたので、

「お願いします！」

と、即座に頭を下げました。

そして夏休みの二日間、ビッシリ会計についての教えをいただきました。

今でもあの二日間は忘れられない思い出です。本当にNさんには心から感謝しています。


ちょうどその頃から、社外のいろいろなクライアントさんから声をかけられるようになりました。「うちの会社に来ないか？」とか「お客さん紹介するよ」

とか、果ては「うちの娘の婿にならないか」（!?）という声かけまで、ありがたいお誘いをいただけるようになったのです。

大きな出来事の二つ目は、**大阪支店長を拝命したこと**です。まだ入社二年目の二十五歳の私に事務職のアシスタントを一人つけてくれ、私ひとりで大阪の新規開拓を任されました。

これも、もちろん当時の私には大変なことでした。東京とはまるで違う地域での新規開拓は、挑戦の連続に他なりません。

たとえば、それまでの私の営業トークは一言で言うと、

「1 こんな商品です。↓2 値段はいくらです。↓3 私はこんな人です。よろしくお願いします」

といった順番で、お客様との距離を縮めて、進めていく方法でした。

一方、当時の大阪のやり方は真逆でした。

「1　私はこんな人です。よろしくお願いします」と最初にお客さんとお互いのことを語り、仲良くなってから、
「2　値段はいくら」となり、
「3　こんな商品です」という説明はほとんどないまま、
「ほな、買うわ！」か「いらん！」となってしまうのです（現在は少し状況が違うかもしれませんが……）。

この東京とは真逆の営業方法にとても戸惑い、また、よそ者である疎外感を覚えました。

「研修の中身を説明するより前に値段を言うってどういうことだろう……」

と何度も思いました。

しかし、「郷に入っては郷に従え」です。この真逆の営業を実行していきました。

また、あるときお客さんから
「安田さんは仙台出身だったら、大阪じゃなくて、まずは東京で働くのが普通なんじゃないの？」

と聞かれたことがありました。そのときに私は、

「いいえ、商売のことを覚えたかったので、まずは商売の土地で有名な大阪に来たかったのです」

と即答しました。

すると、お客さんの様子がガラッと変わって、反応が良くなったのです。

「そうか、そうか」と研修を依頼してくださっただけでなく、他のお客さんを

ご紹介いただいたり、プライベートでも飲み会に誘っていただいたり、本当に親しくしてもらいました。

今思えば**あのときの経験は、まるでその後の会社経営のトレーニングそのものでした。結局、未来の「夢」への布石になっていたのです。**

こうして、大阪でもそれまで以上に多くの人にかわいがってもらい、助けてもらい、売上を伸ばすことができました。

このときの「稼ぎ」はというと、支店長として給料も上がったうえ、さらに大阪でも家庭教師の口を見つけ、東京にいたとき以上に副業もやっていました。ですから、新天地・大阪で私は**「夢」への階段を一気に駆け上がり、月収が合わせて百万円にもなったのです。**

それは、「営業トーク」や「人間関係をすぐ築ける」という**自分の強みをま**

すます強化したら、同時に稼ぎも増えたということです。

自分の強みを周りの人たちも認めてくれるようになった結果、チャンスをもらえるようになり、Nさんのように引き上げてくれる人がたくさん現れたのです。

そして、支店長という新たなステージに上がれたことで、可能性の幅が大きく広がったことを感じていました。

私は確実に「夢へ近づいている」。しかも、「自分の強みを最大限に活かしながら上へと登っている」——。それが腑に落ちた瞬間でした。

強運ポイント 9

周りの人たちから引き上げられている、と実感できれば確実に強運への道を歩んでいる。

「夢」は縦へ横へと拡張する

ここまで、私が若かった頃の「夢」へのプロセスを紹介してきました。

あれから三十年の間に、都内で会社を興し、その会社の徒歩圏内に念願だった三階建ての家を建てることができました。

夢見ていたように、一階にはバーを造り、好きなスピーカーを置き、しょっちゅう社員やクライアントさんにいらしていただき、楽しく過ごしています。好きな車やオーディオも買いました。長年の間におおよそ欲しいものは、手に入れることができました。こうして「お金を稼ぐ、そして、大きな家を建てる」という夢を手に入れることができたのです。

しかし、これで夢が終わったわけではありません。

そんなふうに長年夢見ていたことを実現させた後にも、かつては想像もしなかった夢が新たにできて、最初の夢とつながりながら拡大していくことになったのです。

強運になるとは、そんなふうに夢を叶え、夢が広がることをいいます。強運フローチャートで示すなら、左の色づけした部分です。

具体的には、自分の会社を作ったら、自然な流れで**「会社を大きくしたい」という夢ができ、そのために邁進しました。**

おかげで三十二年が経った今では、クライアントは三千社を超え、年間数万人もの方々に研修を受けていただけるようになりました。

まだまだ、私の思い描いている規模には足りませんが、最初はクライアントがたった二社から始めた会社です。こんな数になるとは全く想像できませんでした。

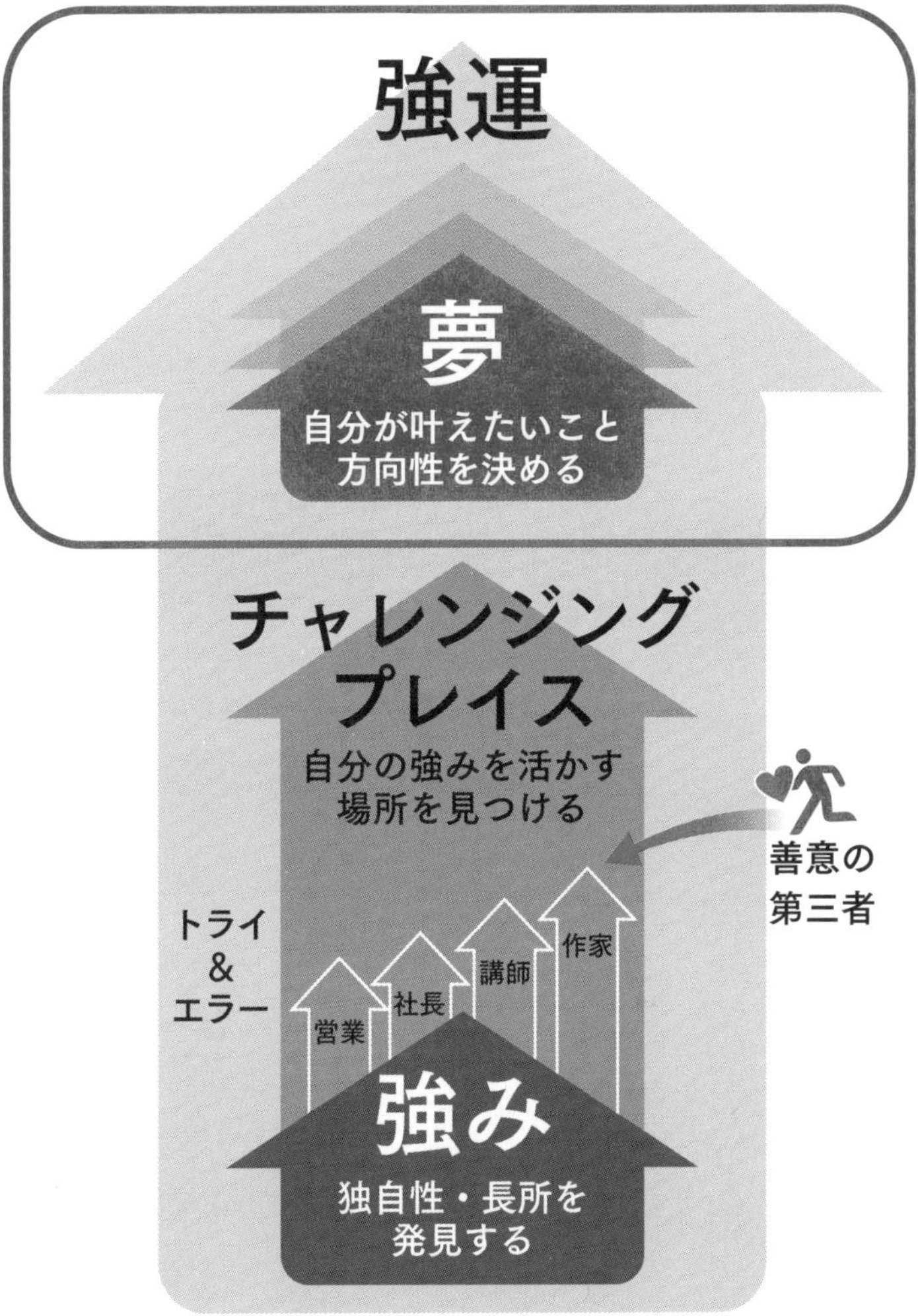
強運
夢
自分が叶えたいこと
方向性を決める
チャレンジング
プレイス
自分の強みを活かす
場所を見つける
善意の
第三者
トライ
&
エラー
作家
講師
社長
営業
強み
独自性・長所を
発見する

さらに、研修のテキストにするつもりで書籍を出版するようになったのですが、何冊も出版しているうちに**「十万部のベストセラーを出したい」という夢を持つようになり、その夢が叶いました。**

しかも、十万部どころか十七万部が出て、**遂には「それ以上のベストセラーを出したい」と思うようになったのです。**

現在、自分の予想を大きく超えた八十九万部の著書『超一流の雑談力』があります。著書は全部で三十冊近くにもなり、そのうち十冊ほどは海外でも翻訳されています。著作の累計は二百万部を超えました。これもまさに、夢にも思わなかったことです。

そして、この予想以上のベストセラーのおかげで、全く考えもしなかったテレビ番組への出演や芸能人の方との対談など、未知の体験ができたのも本当に楽しい出来事でした。

三十年前、出版社に原稿を持ち込み、「研修のテキストとして三千冊を買い取るので出版してください」とお願いしました。そして、初めての出版に漕ぎ着けられたのですが、それを考えると、今の状況は信じられないことです。

さらに想定外だったのは、大学院で授業をさせていただいていることでしょう。

京都大学から始まり、早稲田大学、東京大学、一橋大学と、そうそうたる大学でコミュニケーションや英語の授業をさせてもらいました。特に早稲田大学とはもう十年以上にわたるお付き合いになり、大学院の客員教授にまでなりました。これも、まさか私が「大学で教鞭をとる」とは全く予想できないことでした。

プライベートでは、冬の寒さが苦手なので「暖かいハワイに一ヶ月くらい住みたい」という夢がありましたが、それも毎年、冬の時季に叶えています。そして、そこで知り合った人たちが私の人生を豊かにしてくれています。

こんなふうに、**夢は、その時々の自分自身や自分のステージによって、人生とともに変化してきました。**

しかし、夢は「大きい家を建てるために稼ぐ」から「会社を大きくするために稼ぐ」となっても、「稼ぐ」という方向性は変わりません。また、「稼ぐ」や「仕事の発展」という範囲内に、「ベストセラー」や「ハワイ滞在」があるので、方向は同じです。

つまり、**スケールアップしても一貫して同じ方向性の中で歩み続けることが、夢を叶え続けるポイント**なのです。それは、**一つの種から伸びた芽が、縦にも横にも枝葉を広げていくのと同じ**です。

方向性は同じで、夢をスケールアップしていく。

こうすることで不思議とご縁も引き寄せ、夢の実現が加速していきます。これこそが強運への道なのです。

強運ポイント⑩

強運になるポイントは、「夢」がスケールアップしていっても、同じ方向性で歩み続けること。

夢のビジュアル化で強運を引き寄せる

私が子どもの頃、家の写真を見たり、車を見てワクワクしたように、「夢」をビジュアルでイメージすることはとても大切です。

よく、ノートに憧れの写真を貼って眺める方法を聞きますが、まさにこれです。私はその強運になるためのイメージノートとして、左のページのようなものを作りました。

私の会社では新入社員向けのマナー研修をしているのですが、実はこれは、その冒頭で受講生のみなさんに描いてもらうノートです。

1　最初に、自分の夢（＝成功のイメージ）を描きます。
2　そこから、夢につながるキーワードを書き出します。
3　次に、キーワードからアクションプランに落とし込みます。

夢のイメージプラン

夢 大きな家を
会社の近くに建てる

キーワード
・お金を稼ぐ
・五億円の貯金

アクションプラン
・会社を作る
・できるだけ利益率のいい
ビジネスを探す
・不動産物件を探す

私の場合で言えば、夢は「大きな家を会社の近くに建てる」ですから、それらを手に入れているイメージを描きます。

そのプロセスに必要なことは、「お金を稼ぐ」「五億円の貯金」となります。ここで、五億円ともなると一人事業では無理ですから、どうしても会社という組織が必要になります。そこでアクションプランとしては、「会社を作る」「できるだけ利益率のいいビジネスを探す」になり、夢の実現のために「不動産物件を探す」となります。

このように、**具体的なアクションプランにまで落とし込むのが「成功のイメージノート」のポイント**です。

あなたも自分のイメージノートを作り、その絵（もしくはイメージ写真）を毎日眺めてください。寝る前などにゆっくり眺め、幸せな未来について想像を膨らませることをおすすめします。

自分がこうありたいという理想のイメージですから、それを見ただけで心が躍り、ご機嫌になれるような絵、あるいは写真だといいでしょう。

強運ポイント ⓫

夢をビジュアルでイメージできるよう、ノートに描く。

あなたの夢をビジュアル化しよう

夢

キーワード

アクションプラン

例）

夢

仲のよい家庭をつくる

キーワード

・子どもは2人
・毎日一緒に晩ご飯
・年に1度は旅行
・家を買う

アクションプラン

・家庭を大事にしてくれる結婚相手を探す
・おいしい料理を作れるように、料理教室に行く
・無駄遣いはせず貯金する

COLUMN

「夢」と「目標達成」の違い

「夢」のことを説明すると、よくセミナーや書籍で紹介されている「目標達成」との違いは何か？　と聞かれます。

ここで、両者の違いを説明しましょう。

まず「目標達成」とは、二十～三十年先の人生の大きな目標（数値目標）を明確に決めて、そこから逆算し、今年の目標、来年の目標と年ごとの目標を決めていくことです。

さらに、一年の目標を十二ヶ月で割って毎月の目標を決め、最後に、今日の目標、明日の目標とブレークダウンし、それを実行していきます。

これは、経営計画や売上計画などに適しています。

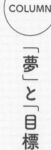

一方、「夢」はあくまでも漠然としたものでよく、「こちらの方向へ向かう」という大きな方向性です。私の場合が「大きな家を建てるためにお金を稼ぐ」だったように、数値化できなくても構いません。

また、夢の期間は、その人がそのときイメージできる範囲で決まります。だから、二十年先、三十年先など考えられないという人は、一年後とか半年後でもいいのです。

さらに、この夢はあなたのレベルアップとともにスケールアップしていきますし、横展開で増えていくこともあります。夢は人生と共に変化していくのです。これは第1章で記述したとおりです。

ちなみに、私も以前、目標達成のセミナーを数名の仲間と受けて、試してみたことがあります。しかし、仲間と共にダメでした……。

そもそも二十年、三十年先の人生の目標は、なかなか描けるものではありません。

正直に言うと、書けと言われて書かされた〝絵に描いた餅〟でした。ですから、いくら毎日の目標を設定してもやる気にならなかったのです。

目標達成が悪いというわけではありませんが、目的に合わせて、賢く使い分ける必要があると実感した次第です。

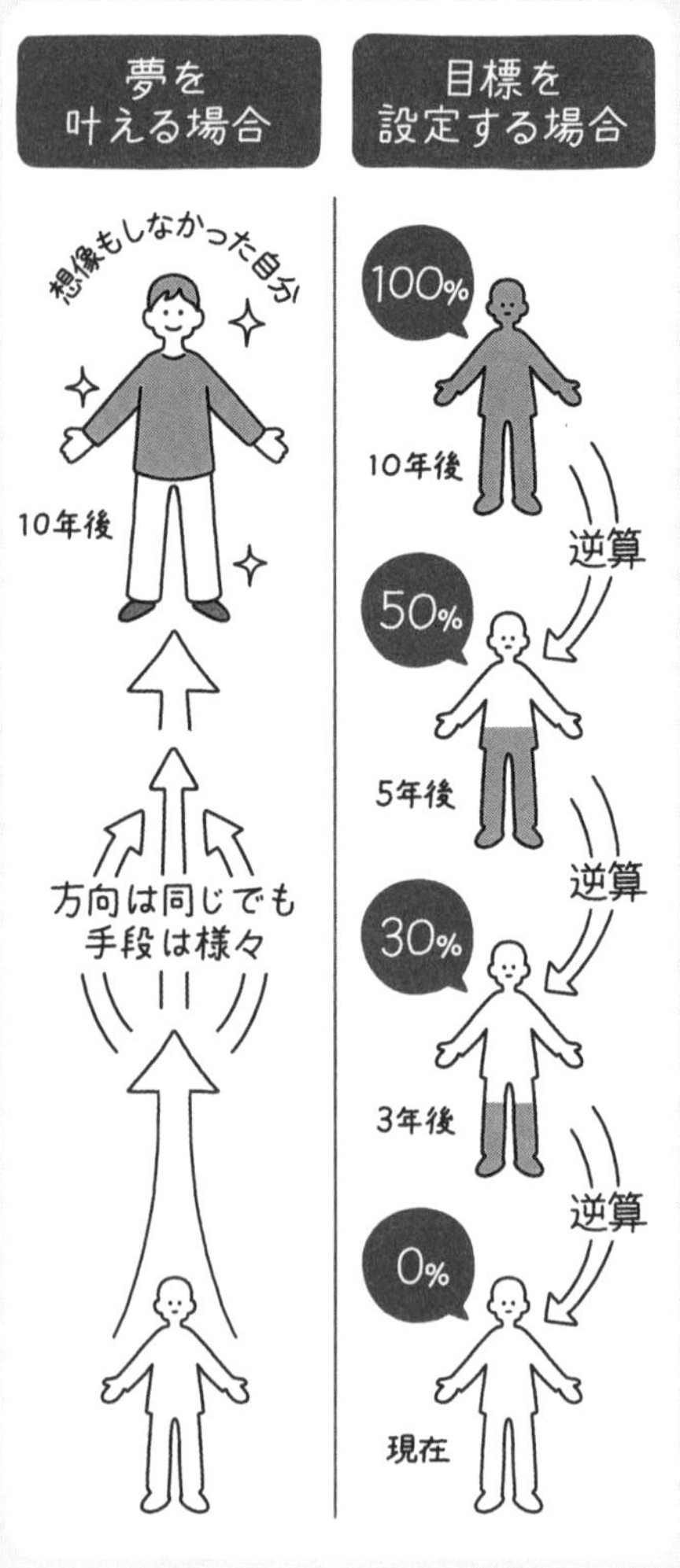

第3章

自分の「強み」と「チャレンジングプレイス」を発見する

強運になるには「自分の強み」が不可欠

「はじめに」でも書いたように、**運が強い人で、自分の不得意な分野、あるいは他の人と比べて、それほど目立たない強みで勝負している人は一人としていません。**

これは誰でもうなずけるかと思います。

ですから、もしあなたが「運を強く」したいと望むのであれば、ぜひとも「自分の強み」を知り、そこで勝負しなくてはなりません。

こう言うと、

「そんな強みと言えるほどのものはない……」

「自分の強みと言っても、もっとすごい人はいっぱいいるし……」

「私には何の才能もないし……」

と、及び腰になる人が八割か九割でしょう。

そんなふうに考えてしまうのは、ごく自然なことです。

なぜなら、そもそも**自分の強みの発見はものすごく難しいもの。**それは、**自分にとってはあまりにも当たり前のことだから難しい**のです。

たとえば、生まれつき飛び抜けて走るのが速い人がいたとしましょう。この人が自分自身で、

「自分は人より飛び抜けて足が速いんだ」

と気づくのは容易ではありません。

まず、気づくのは身近な大人でしょう。親や幼稚園、小学校の先生が他の子と比べて、

「この子はずいぶん走るのが速い」

と気づきます。

しかも、一回走る姿を見ただけでは、チラッとそう思うかもしれませんが、たいていそれで終わりです。

おそらく、飛び抜けて速く走る姿を幾度となく見たり、運動会のかけっこなど注目度の高い場面で見ることによって初めて、「ちょっと、どのくらい速いのか測ってみよう」となるわけです。

もちろん、本人自らはそんなことをしません。周りの人が気づき、それに深い興味を持ち、何らかの行動を起こすことで、いよいよその子の「強み」として認識されるわけです。（ここで周りの人の中から「善意の第三者」が登場するのですが、これについては追って第5章で詳しく解説しましょう。）

このように「足が速い」という比較的わかりやすい強みであっても、自分にとっては普通のことですから、強みと認識するのは難しいのです。

ましてや、目には見えない精神的な強み、たとえば

・忍耐強い
・社交的である
・素直である
・几帳面だ

となると、ますます発見しづらくなります。

さらに、そうした**精神的・性格的な領域での強みは、特に若いときほど発見されにくい**ものです。なぜなら、まだ仕事や人生での発展途上にあるので、目に見える結果を出せている人のほうが稀だからです。

ですから、その「強み」は、まだ可能性でしかありません。目に見えていな

い可能性に対して、自信を持ってこれが「強み」だとは、なかなか思えないのが当然でしょう。

おそらく、何か自分の興味のあることを何年かやっているうちに、いつの間にか「強み」になっていた……というのが現実です。

このように、強みの発見は難しいことですが、前述のとおり私が見聞きした「強運」な人は、みな自分の強みに気づいて活かしています。

「強運」には、強みの発見が必要条件ですので、ここで一度、自分の強みについてじっくり考えてみてください。

それでも、なかなか見つからない場合には、

・友達に「すごいね」「いいね」と言われたこと
・目上の人（学校の先生や先輩、上司）に褒められたこと
・仕事先でお客様に褒められたこと

・テレビなどを見ていて「これなら私もできる！」と思ったことなどを書き出してみることです。

すると何かしら、いつも褒められる共通点が出てくるはずです。

他人にはあなたの「強み」が見えている

強みの見つけ方について述べてきましたが、それでも自分で発見するのはなかなか難しいものです。

そこで、一つ**おすすめしたいのが、「他人から教えてもらう」方法**です。前述の「足が速い」例にもあったように、**人の強みというのは他人からしたら一目瞭然のことが多い**のです。

たとえば、私の会社の女性社員のSさん。

彼女は長年、講師たちのスケジューリングをする事務職でした。ところが、営業から頼まれた案件をただサポートするだけではなく、積極的によりよくしていく提案をどんどんしていきました。

そこで、私は彼女の「提案力」という強みに気づき、

「研修コンサルタントとしてやってみないか」

とすすめてみました。

最初は少々躊躇していたものの、結果的には「提案力」と持ち前の粘り強さを発揮して、数年のうちに年間で数千万円の企業研修を売り上げるようになったのです。

数年後に彼女から言われたのは、

「社長のアドバイスで、人生が変わりました。あのまま事務職だったら、ここまで積極的に仕事に関われなかったと思います」

という嬉しい言葉でした。


彼女はやはり、自分では自分の「提案力」という強みに気づくことはできませんでした。だから、まさか自分が事務職からコンサルタントへ転身して、ここまで活躍できるとは想像だにできなかったのです。

このように、**自分で自分の強みに気づかず、見過ごしてしまうケースはとても多い**のです。

実は、かくいう私も、自分では全く気づかなかった「強み」を他人に教えてもらった一人でした。

まさか！　これが強みだなんて

私は小学生の頃、極度の口下手でした。授業中に当てられると緊張のあまり教科書を持つ手が震え、声が出ず、何も喋れず、結局、先生は次の人を指名するありさまでした。

そんなことが続き、私はすっかり自信をなくしていました。

ところがある日、私の口下手ぶりを見かねた担任の先生が、放課後に私を呼んで、こう言ったのです。

「人前で緊張するのは、みんな同じだよ。安田くんは頭の中ではしっかり考えられるのを、先生はわかっている。だから、大丈夫。きっと喋れるよ」

そして、こう付け加えました。

「安田くんは、グループでみんなの意見を聞いて、話をまとめていたね。あれはなかなかできないものだよ」

と。

先生は私を励ましてくれただけでなく、今思えば、私の「意見をまとめるのが得意」ということに注目してくれたのです。

確かに、放課後に先生と二人だけであれば普通に話せましたし、友達との会話は全然問題なくできていました。

ただ、人前でだけうまく話せなかったのです。


しかし、勉強自体は好きで成績もいいほうだったので、先生の励ましのおかげで、徐々に授業中も発言できるようになっていきました。

先生も（おそらく意図的に）私がちょっとでも話すと、

「上手に話せたね」

と、みんなの前で大袈裟に褒めてくれました。

それを友達も認めてくれるようになり、やがて学級委員に選出されました。

そしていつしか、みんなの前で自信を持って話せるようになったのです。

中学生や高校生になると、人前でも普通の学生より上手に話せるようになっていきました。友達と議論をすることが好きで、議論に夢中になると話が苦手などとは全く思わなかったのです。

そして、大学生になると放送研究部に入り、番組の企画を立ててはみんなにプレゼンしました。それは毎回好評でした。

卒業後、小さなスイス系の英会話学校に就職すると、死んでもやりたくなかった営業をすることになりました。

そんな人生のいたずらに自分でも驚きましたが、最初はポツポツと、そして徐々にバンバンと受注できるようになると、仕事が楽しくてしかたがなくなっていったのです。

その頃、ふと思い出したのが、子どもの頃から学生時代にかけて、人前で話すことが苦手だったのを克服してきたことです。そして、**気づくといつの間にか「トークが自分の強み」になっていました。**

その後、本業の営業の他にセミナー講師をすることになり、作家にもなり、多いときで年間二百回くらいのセミナーをしていたことがありました。毎年、千人の新入社員研修をしたり、幕張メッセで七千人を前に講演もしました。そして、地上波のテレビ番組やラジオ番組に出演し、芸能人の方と対談させてもらうようにもなったのです。

さらに、拙著『超一流の雑談力』のヒットによって、いつの間にか「雑談力の安田さん」などと呼ばれるようになっていました。

そんな私の例からも言えるように、**自分では**

「まさか？　これが？」と思うことでも、それが、あなたの強みになるかもしれないのです。

今、私の周りには若い人が集まってくることが多くなっています。それはおそらく私との会話の中で、「自分の強み」を発見してもらいやすいからではないでしょうか。私も努めてその人の「強み」や「その活かし方」を伝えるようにしています。

このように、**人は誰でも必ず、その人独自の強みがあります。**ですから、**「自分には何もない……」などと決して諦めないでください。**

今までの人生で人から褒めてもらったこと、他の人と比べて明らかに得意だと思えること、やっていて気持ちがよいことを書き出してみましょう。

もし思いつくことがなかったら、身近な上司や同僚、友達などに恥ずかしがらずに聞いてみてください。
人は自分のことはわからなくても、他人のことはよく見えているものです。
きっと、自分では思いもよらない手がかりを与えてくれるでしょう。

強運ポイント⑫

本人は「自分の強み」になかなか気づけないが、他人には発見しやすいもの。身近な他人に聞いてみよう。

他人の言葉を受け入れられない心理とは？

さて、「他人に自分の強みを教えてもらおう」と述べましたが、その際に知っておいていただきたいことがあります。

それは**「感情ヒューリスティック」というもの。**聞き慣れない言葉だと思いますが、これは**「好きか嫌いか、もしくは、感情反応が強いか弱いかによって判断を下してしまうこと」**であり、心理学者のポール・スロビックによって、2002年に提唱された理論です。

たとえば、私は晴れている日はそれだけで気分が晴々として前向きになりますが、雨の日はウツウツとしてやる気も下がります。つまりちょっとした変化によって「感情バイアス」がかかるのです。

それは同様に、他人からアドバイスをもらったとき、肯定的にとらえることができるか否定的かで、受け入れるかどうかが決まってくるということでもあります。

私の経験を振り返っても、人からもらったアドバイスや他人との関わりを受け入れられるか否かは、まず自分自身がどんな心理的状態であるかが大きく影響しています。


後の章で詳しく説明しますが、強運になるには、自分一人の努力だけでは何ともできないことがあります。他人との出会いによって助けられ、引き上げてもらわなければならない場面が必ずあります。

そんなときでさえ、自分の心理状態によって、他人からの救いの手をピシャッとさえぎってしまうことがあるのです。

人には、自分では考えてもみなかったことを他人から教えてもらうのを受け入れられない、素直になれないという側面がどうしてもあります。

また、タイミングも影響します。自分の心理状態で他人の意見を聞けたり、聞けなかったりするものです。

しかし、聞けない、受け入れられないという心理状態では、そこで強運がストップします。つまり、**感情ヒューリスティックとは、自分の人生の選択に大きな影響を与えてしまう**のです。

対処法としては、まず自分にも感情ヒューリスティックがあることを知り、自分が今、どんな心理状態でいるかに気を配ること。

もし、気分が落ち込んでいたり、ネガティブなほうに振れていると気づいたら、自分で自分のご機嫌をとるのです。特に、仕事で「ここぞ」という場面に向かうときは、その前に自分をご機嫌にしておきます。

そして、気持ちが落ち込んでいるときに、「決断」「判断」など大きな決めごとをしてはいけません。ネガティブな感情に引っ張られ、判断を誤ってしまうことが往々にしてあるからです。

「笑う門には福来たる」ではないですが、強運になるためには、ポジティブな心理状態でがんばることが大事です。

この詳しい方法については、第4章で解説しましょう。

強運ポイント⑬

自分の心理状態に「感情ヒューリスティック」があることを知ろう。

あなたの強みはどこで活かされるのか？

自分の「強み」がわかったら、次は、その強みを活かす場所を探していきます。私はその場所を「チャレンジングプレイス」と名付けました。

たとえば、私の強みは「トーク力」ですから、それを活かす場所＝「チャレンジングプレイス」をまずは「営業」にしました。

これなら、成功すれば営業成績として結果が出て昇給しますし、それは私の夢である「大きな家を建てるためにお金を稼ぐ」につながります。

このように、**強みを活かすとは、具体的に結果が出ること、人から評価されること、そして何よりあなたの「夢」とつながっていることが大事**です。

しかし、**ここでの難しさは「強み」と同様に「チャレンジングプレイス」を自分自身で見つけられる人は稀だということ。**

私の場合も成り行きで、しかも止むに止まれぬ状況で「営業」を選びました。

前述したように、営業は死んでもやりたくなかった、この世で一番やりたくなかった職業です。しかし、若くて何の実績もなく、自分の実力もまるでわからなかった私は、会社に言われたことをするしかありませんでした。他にやりようがなかったのです。

多くの成功者も最初の「チャレンジングプレイス」とはこんなものです。みなさんもよくご存じの松下幸之助さん、本田宗一郎さんも最初の「チャレンジングプレイス」は丁稚奉公《でっちほうこう》でした。

ほぼ全ての人が言われるがまま、成り行きで、他に選択の余地がないところから始まります。でも、「夢」はある。いえ、「夢」しかない状態です。やれるか、やれないかなど考えようもありません。

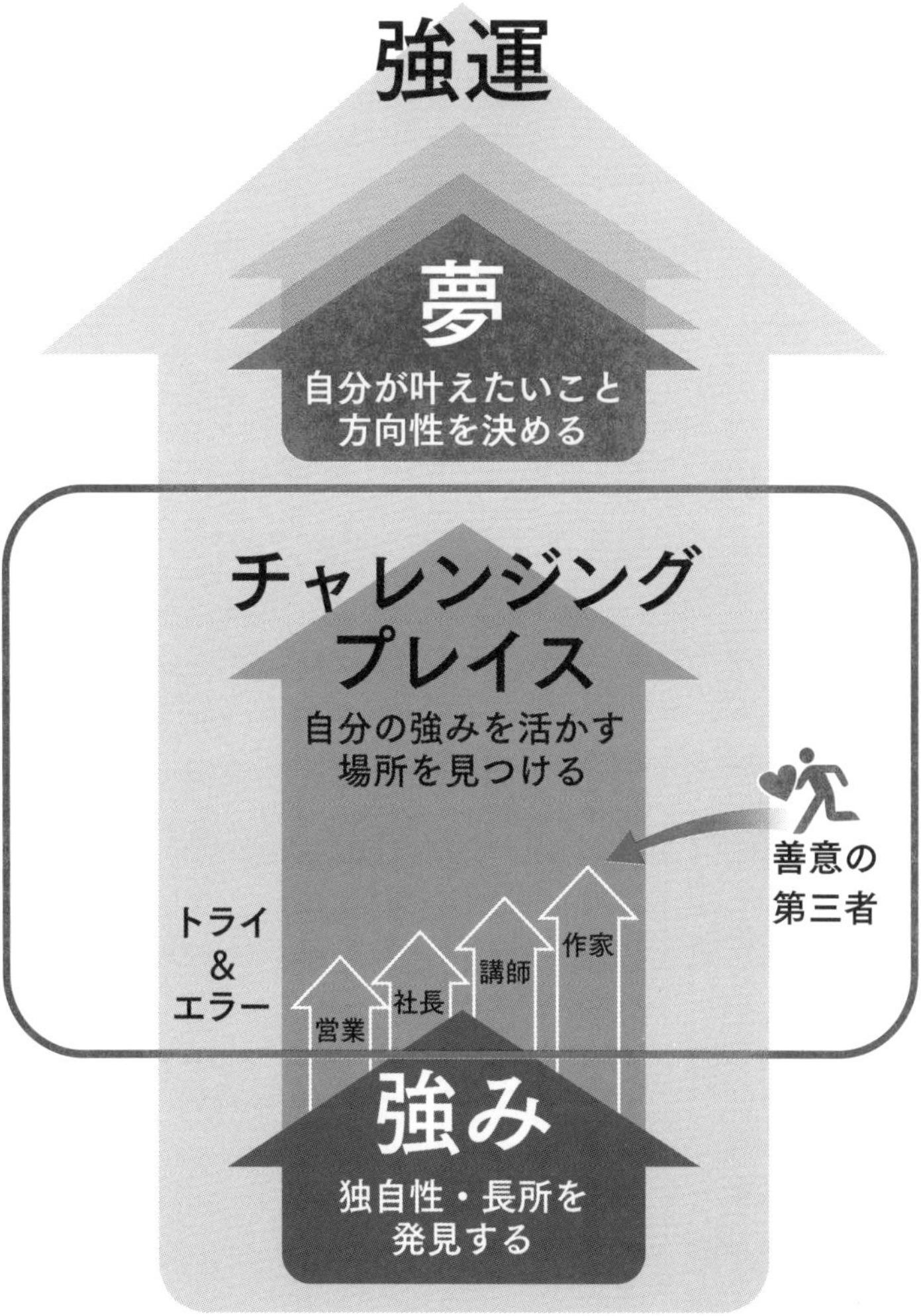
強運
夢
自分が叶えたいこと
方向性を決める
チャレンジング
プレイス
自分の強みを活かす
場所を見つける
善意の
第三者
トライ
&
エラー
営業
社長
講師
作家
強み
独自性・長所を
発見する

私は、営業に対して不安がある分、必死で取り組みました。まさに、がむしゃらな状態で働いていたわけですが、当時から何となく自分の「強み」を意識していました。そして、そこに集中して努力をしていた気がします。

それが功を奏し、始めて三ヶ月で、月八十万円のノルマの二十倍以上にあたる千七百万円の大型案件を受注。そして、そこから売れ続けるようになり、結果的には営業初年度でトータル四千七百万円を売り上げ、新人にもかかわらず、社内で営業成績一番になってしまったのです。

月給もわずか一年間で、二十万円から六十万円へとアップしました。

そうした結果を生み出せたのは、棚からぼた餅式の運ではありません。どうしても営業成績を上げたかったので、「トーク力を磨かなければ」という切実な気持ちから、相当がんばってトレーニングした結果です。

まず、自分の営業トークをテープに録音しては聞き直し、気になるポイントを修正していきました。また、友達に営業トークを聞いてもらって、率直な意見を言ってもらい、ブラッシュアップしていきました。

さらに、プロの真似も試みました。私が「話術の天才」と信じている浪曲師、広沢虎造のテープを繰り返し聞き、話し方の研究をしたのです。広沢虎造さんは誰が聞いても良い声ではありません。ダミ声というか、濁った感じの声です。しかし、すごいのはもともとの声に癖があるからこそ、それを独自のものとし、「強み」に変えている点です。そんな逆転の発想に、「自分の弱みも強みに変えられる！」と大いに勇気をもらいました。

天才芸人、藤山寛美の舞台もよく見に行きました。藤山寛美さんからは客席との一体感の持ち方を学びました。また、まるで全てをアドリブで話しているかのような臨場感のある話術は、その後の私のセミナーでも本当に参考になっています。

落語家の柳家小三治師匠は、あの間《ま》の取り方と声が天才的です。若い頃もテープが擦り切れるほど聞きましたが、実は今でもＹｏｕＴｕｂｅの動画で見て、学んでいるのです。

このように、とにかく**営業トークを磨くためのありとあらゆる練習をしていました。**

そして**結果を出すことによって、いつしか「トーク力は自分の強み」だと自覚するようになった**のです。

そんな研鑽を重ねる中、私はさらなるトーク力向上のため、「トーク力」を細かく分析するようになりました。

そこで、自分の営業トークも振り返って分析してみると、このような強みの具体的項目に気づいたのです。

1　会話の中で、相手の話す内容や反応を見ながら、相手が本当に興味を持っていること、理解できることにピンポイントで焦点を当て、話を進めることができる。

2　その場や相手にピッタリと合った内容とタイミングで話を盛ったり、たとえ話をしたりして、会話を盛り上げることができる。

これは、営業トークを何年も何百回も経験しているうちに

「何だかいつもこのパターンで受注に結びつくなぁ……」

「いつもこんな感じで相手が食いついてくるなぁ……」

「他の営業マンと比べると、自分の商談は笑いが多くて盛り上がっているなぁ……」

などと気づくようになったことでもあります。

そこで、この二つのポイントを活かし、さらにトレーニングを重ね、徹底的

に「相手に刺さるトーク術」を磨き、それをウリにしました。

このプロセスは、もちろんトライ&エラーの繰り返しです。

しかし、そうした**実践を積み重ね、トレーニングを重ねてこそ、漠としていた強みを鋭くとがらせていける**のです。

ところで、そもそも営業しても売れないのは、何が原因だと思いますか？

話し方が単調、商品説明が独りよがり……など、いろいろ思い浮かぶでしょうが、それらは本質的なことではありません。

答えは、何といってもお客さんの興味とは関係なく、「商品の売り込みをする」からです。だからお客さんに引かれてしまうのです。

そこで、私は「商品の説明はしない」と心に決めました。そして、お客さんのほうから「ちょっと、詳しく聞かせて」と言われるまで、ひたすらお客さんの興味のあること、面白いと思えることを話す、またはお客さんの話を聞くことに徹しました。

相手の興味を探ったり、面白い会話をするのは得意ですから、この作戦は成功しました。

そうして私は死ぬほどやりたくなかった営業で成績を上げ、さらには「営業が生きがい」にまでなっていったのです。

強運ポイント⑭

強みを活かす「チャレンジングプレイス」はトライ＆エラーの繰り返しで見つけていく。

新たな「チャレンジングプレイス」とは？

このようにして、「営業」は私の強みを活かす「チャレンジングプレイス」になりました。これは「お金を稼ぐ」という夢につながる場だと確信したので、日々邁進し、貯金通帳を見ながら、着実に夢に近づいていることを実感していました。

そうしているうちに、二年目には周りからも自分の強みが認められるようになったいきさつは、前述のとおりです。そして、大阪支店長になると、さまざまな方から声をかけてもらえるようになりました。

その中に、

「セミナー講師をやってみないか」

というものがありました。

それまでは、営業としてもっぱら講師を派遣する側だったのですが、自分がその講師になるとは想像もしていませんでした。

しかし、考えてみると、講師はまさに「トーク力」をウリにする仕事です。これまでやってきたことを活かせそうでもあります。また、時間的にも、営業活動が終わった夜六時くらいからの研修であれば可能です。

そして、講師料もプラスされれば、ますます稼げる！

そんな気持ちもあり、私は営業と英語研修の講師を掛け持ちすることになりました。


トーク力を活かした「営業」と「講師」。両方やってみると、相乗効果が大いにありました。自分が営業で知り合ったクライアントさんに講師として出向くと、相手のことをよく知っているため研修中に、

「ああ、そういえば御社では新商品○○が出たばかりですよね。では、英語でその商品についてプレゼンしてみましょう」

と、相手にピッタリの内容にアレンジできるのです。これは、大変喜ばれま

した。

また、営業的にも相乗効果がありました。

「ここまでできたら、次はこんな英語を使えるようになると、海外出張に行ったときに役立ちますね」

とすすめ、研修中に次期の研修まで受注する、という営業もできてしまったのです。

この組み合わせは本当に私にとって都合のよいものでした。

こんなふうに、**ある一つの「チャレンジングプレイス」（営業）で努力を続けていると、それが認められ、新たな「チャレンジングプレイス」（講師）に拡張していくことが必ずあります。**

たとえば、Ｗｅｂデザイナーとして仕事で実績を重ねているうちに、Ｗｅｂデザイナーを育てる講師として教えてほしいと言われることがあるでしょう。

また、自社の広報として実績を重ねていると、他社からも広報のコンサルティングをしてほしいと言われたり、ということです。これらは、よく聞く話です。

実は私の「チャレンジングプレイス」は、その後も広がり続けました。気づくと「講師」から「経営者」という「チャレンジングプレイス」が生まれ、今では「ビジネス書作家」「大学院の客員教授」という、まるで想像もしなかった活躍の場をいただいています。

一つの「チャレンジングプレイス」が次の「チャレンジングプレイス」を呼び寄せる――。こうした現象が起こるのは、すでに強運の階段を上っている証でもあります。

強運ポイント⑮

一つの「チャレンジングプレイス」での結果が、次の「チャレンジングプレイス」を呼び寄せる。

「強み」は毎日とことん行動して磨く

現在の私を見て

「安田さんは才能があったから、ここまで来られたんですよ」

と、おっしゃっていただくことがありますが、決してそんなことはありません。

もう一度、第1章を読んでみてください。

そもそもは超口下手で、授業中には声も出せない小学生だったのです。そして、絶対にやりたくない営業をやることになり、ただ最初はコツコツと地道にアポを取って、慣れない営業トークをして、そして反省して、改善して……を繰り返していました。

そうしたら数ヶ月経ったあたりで売上が立ち……、そんなことから私の強み、そして「運」の物語は始まっていったのです。

こうした経緯は誰もがたどる道です。それは、あなたも同じです。

たとえば、あなたの強みが「気配り」だとしたら、まずは、気配りについての本を片っ端から読んだり、気配り上手な先輩の真似をすることから始めてみましょう。

そして、「気配り」に基づいた声かけを、とにかく毎日たくさんすることです。「挨拶はきちんとしています」という人でも、面識のない人に対してはどうでしょうか？　ビルの守衛さんや掃除をしている人にも必ず声をかけていますか？　エレベーターで乗り合わせた人がいたら、必ず「何階ですか？」と聞いていますか？

「気配り」という強みで勝負しようと思ったら、気配りについての努力を惜しまず、毎日とことんやるのです。

すると、どうなるでしょう？

あなたの気配りを嬉しく感じ、何かの形で応えたい、と思う人が必ず出てくるのです。

もしくは、あなたの行為を見ている人、気づいている人が必ずいますから、そういう人から思わぬチャンスがもたらされます。

そうして、**毎日の小さな努力の積み重ねがあるとき、それが強運への確実な道筋になる**のです。


あなたにも、あなたが気づかないだけで、知らず知らずにやってきた「強み」があるはずです。その上に、今のあなたがあります。

そこに気づいてください。

それを明確にして、自ら認識し、行動していくことで、「運が強く」なっていきます。


強みがそのままダイレクトに仕事やお金に結びついたり、強みが最初の段階とは比べものにならないくらい多くの人に認められるようになったり、影響を与えるようになります。

こうなると、強みを認めてもらえ、それを活かした仕事や活動で生きていけるのですから、本人はとても幸せです。

それがまた他人を幸せにします。

「運が強い」とは、このような状態になることをいいます。

強運ポイント⑯

自分の「強み」を明確にし、日頃の仕事や活動において何ができそうかを考える。それを見つけたら、毎日とことんやってみる。

COLUMN

著作に至るきっかけは「発想力」

現在の私の主な「チャレンジングプレイス」は、「経営者」「セミナー講師」「大学院の客員教授」「ビジネス書作家」です。

この中でも特に「作家」は想定外でした。しかし、これもそもそもは強みから派生してきた「チャレンジングプレイス」です。自分の「トーク力」の特徴として139ページで述べたように、

2 その場や相手にピッタリと合った内容とタイミングで話を盛ったり、たとえ話をしたりして、会話を盛り上げることができる。

ということに気づいたことから始まっています。

郵便はがき

おそれいりますが
切手を
お貼りください

102-8519

東京都千代田区麹町4−2−6
株式会社ポプラ社
一般書事業局　行

お名前	フリガナ	
ご住所	〒　　-	
E-mail	@	
電話番号		
ご記入日	西暦　　年　　月　　日	

上記の住所・メールアドレスにポプラ社からの案内の送付は必要ありません。□

※ご記入いただいた個人情報は、刊行物、イベントなどのご案内のほか、お客さまサービスの向上やマーケティングのために個人を特定しない統計情報の形で利用させていただきます。

※ポプラ社の個人情報の取扱いについては、ポプラ社ホームページ（www.poplar.co.jp）内プライバシーポリシーをご確認ください。

ご購入作品名

■この本をどこでお知りになりましたか？

□書店（書店名　　　　　　　　　　　　　　　　　　　　　　　）

□新聞広告　□ネット広告　□その他（　　　　　　　　　　　）

■年齢　　歳

■性別　　男・女

■ご職業

□学生（大・高・中・小・その他）　□会社員　□公務員

□教員　□会社経営　□自営業　□主婦

□その他（　　　　　　　　　　）

ご意見、ご感想などありましたらぜひお聞かせください。

ご感想を広告等、書籍のPRに使わせていただいてもよろしいですか？

□実名で可　□匿名で可　□不可

一般書共通

ご協力ありがとうございました。

これは、「いつも相手に合わせて話す内容を変えながら会話のキャッチボールができる」「たとえ話や話の盛り方も相手に合わせて毎回変えている」ということです。

つまり、その時々でいろいろなアイディアが出てくるわけです。しかも、ほとんど一瞬で。

このことから、

「自分にはアイディアが次々に湧いてくる発想力がある！」

という結論に至りました。

結果、この発想力を活かし、私は自社の全ての研修コンテンツを自分自身で開発しました。オリジナルの研修です。全部自分で考え、検証しなければならず大変でしたが、その分とても面白く感じました。

起業してから十年くらいは、英語の研修だけを提供していました。

私はもともと英語文法オタクなので、言語学で有名な米国のチョムスキーを勉強し、それを土台に「日本人が英語学習をするには、これしかない、日本人が最速で英語を習得できる勉強法」を作りました。

このコンテンツで多くの法人研修を行い、早稲田大学や東京大学でも授業をし、やがて『英語は「インド式」で学べ！』という著書を出すに至り、それが十八万部ものベストセラーになったのです。

こんなふうにして、私の「チャレンジングプレイス」は「営業」→「講師」→「作家」と広がっていきました。

そのきっかけとなったのは、自分の強みである「トーク力」を分析した結果、「発想力」という新たな強みに気づいたことです。

このことから、何か一つでいいから強みを見つけ、それを突き詰めることで、未知の可能性が見えてくると確信しています。

「強み」と「チャレンジングプレイス」を発見する手がかり

「強み」と「チャレンジングプレイス」は「強運」になるうえでとても重要ですが、なかなか見つからない、自分ではわからないという方もいるでしょう。
そこで、それらを発見するヒントをご紹介しましょう。

１９５０年代にアメリカの精神科医、エリック・バーンによって提唱された「交流分析」という心理学理論があります。これによると、人のタイプはおおよそ五つに分かれるといいます。

その理論をベースにして、性格やコミュニケーションの傾向を診断する無料診断ツールが「サーチミー（http://searchme.jp/）」です。これは、私が研修でも使っているものです。下のＱＲコードからサイトに飛ぶことができるので、携帯でも手軽にチェックできます。

この内容を詳細に説明するとそれだけで本一冊分になってしまうので、ここでは自分の「強み」や「チャレンジングプレイス」を見つける参考としてポイントをご紹介しましょう。

では、次のページから五つのタイプを順に紹介します。それぞれにチェック項目があるので、自分はどのタイプの傾向が強いかを確認してみましょう。当てはまるタイプがわかったら、そこに書かれているキーワードを参考に、「自分の強みはこれかな」「こんな職種、働き方を選ぶといいのかな」というものを探しあててください。

1 CP（厳しい父親）タイプ

□自分の意見をはっきりと主張する
□自分にも他人にも厳しい
□やると決めたことは、必ず実行する
□決断が速い
□幹事役をするのが苦にならない
□常に高い理想を持っている

↓
物欲が強い、社会的名声を好むタイプ。
リーダーシップを発揮できる場所で、挑戦を重ねるといいでしょう。

このタイプは典型的なリーダーシップタイプです。
私の知り合いのHさんは、大手企業の専務役員にまで上り詰めた人です。自分にも他人にも大変厳しい人で、大人の男性でも彼を前にすると震え上がってしまうほどの威厳がありました。

しかし、私のことをHさんと同様に、自分に厳しく、努力をする人であると認めてくださり、とことんよくしてもらいました。まさに「親分肌」。ずいぶんいろいろな方を紹介していただいて人脈が広がり、また、美味しいお店にも連れて行ってもらいました。

まさに、人にチャンスを与え、引き上げるタイプです。

2　NP（優しい母親）タイプ

□相手の長所によく気がつき、褒める
□人情を重んじる
□穏やかな口調で話す
□つい他人の世話を焼いてしまう
□丁寧に相手の話を聞く

□とても面倒見がよい

↓**人に優しい、人間関係を大切にするタイプ。**
人の気持ちを察するのが得意なので、その強みを活かすといいでしょう。

相手の話をよく聞き、付き合ってくれるタイプです。

このタイプで思い浮かぶのが、今までお会いして一緒に仕事をしてきた多くの編集者の方々です。

みなさん本当に忍耐強く、私の話を聞いてくれました。本の制作の過程では、その本の骨子がある程度固まるまで、いろいろなアイディアが次々と生まれてくるものです（特に私にはそういう傾向があります）。そんな私の拡張するアイディアをとことん聞いてくれるのが編集者のみなさんでした。

一番長い制作期間でいえば、実に四年をかけた本があります。その間は紆余曲折、何度も何度も制作会議を繰り返しました。

次々に浮かんでくるアイディアを臆することなく話すには、相手がいつも穏やかで、肯定的な態度で聞いてくれることが必要です。

それができたのはこのタイプの方々のおかげでした。

3　A（大人）タイプ

□客観的な話し方をする

□人のミスや失敗によく気づく

□物事を正確にまとめる

□事実や論理を重視した話をする

□計画を立ててその通りに進行する

□冷静で慎重な話し方をする

↓何事も正確に、着々と達成できるタイプ。
感情よりも数字や事実を重視するので、データを扱う能力に長けています。

私の秘書をやってくれているSさんは、いつも冷静に粛々と仕事を進めてくれます。お礼メールやお願いメールなど私が電話口で言ったことを、本当にそのまま忠実に文章にしてくれます。

この整然とした仕事ぶりには、いつも安心して仕事を任せられる頼もしさがあります。こんなふうに言われたことを確実にやってくれる人は案外、少ないものです。

着実に、安定して物事を進める力を持っているのが、このタイプです。

4　FC（自由な子ども）タイプ

□ユーモアや冗談をよく言う
□にぎやかで楽しげな話し方をする
□新しいことに対して抵抗がない
□初対面の人とも、気軽に話せる
□アイディアを出すのが苦ではない
□愛想がいい

↓**遊び心があり、新しいことをするのを喜ぶタイプ。**
アイディアが豊富で、クリエイティブな能力が必要な場面で輝く人です。

夢を語り合うなら、このタイプです。
本著にも「夢」が出てきますが、夢とは頭であれこれ考えているうちは曖昧《あいまい》模糊《もこ》として、まとまりのないものです。

それを言葉にして初めて自分でも形がわかってきます。そんな夢を一緒にワクワクしながら聞いてくれて、楽しく語り合えるのがこのタイプです。

私の友人にもこのタイプの人が何人かいますが、彼らと話しているといつも笑いがあり、夢がどんどん広がっていきます。

ですから私は夢を語るときには、このタイプに聞いてもらうことにしていきます。

5　ＡＣ（従順な子ども）タイプ

□相手の言うことを素直に受け入れる
□会話で「聞き役」に回ることが嫌ではない
□人には遠慮深く控えめに接する
□不平不満があっても口にしない
□物事をかなり慎重に進める

□人の長所を見つけるのが得意

↓**安らかで、穏やかな雰囲気を好むタイプ。**

周りの空気を読むのが上手で、献身的に人をサポートできます。

このタイプは一緒にいて安心でき、癒されるタイプです。

友人のTさんはこのタイプで、人柄も温和で育ちの良さも感じさせます。才気ばしったところはありませんが、いつも平和で穏やかな雰囲気に包まれています。

出世にもほとんど興味がないので、競争も好みません。どちらかというと人に指示されて素直に動き、陰ながら支えてくれるタイプです。

私は、打ちひしがれたとき、心が疲れたときに電話をするのはTさんです。声を聞くだけでホッとするのです。

サーチミーの診断結果はいかがでしたか？　一つのタイプが突出していた人、また複数のタイプが同程度だった方もいらっしゃるかもしれませんね。

診断でわかったあなたの「強み」や「チャレンジングプレイス」を具体的にどう活かせばいいのか、次の項目では私の結果を例に出しながらご説明しましょう。

自分の「強み」をどう活かすか　〜安田正の場合〜

このタイプ別診断で見ると、私は１（ＣＰ）の「リーダーシップ力が強いタイプ」と、４（ＦＣ）の「新しいことをするのを喜ぶタイプ」であり、それらが強みだと自覚しています。

１（ＣＰ）は、リーダーシップをとるタイプなので、まさに経営者として必要な資質です。私はそれを活かして社長業を行ってきました。

会社の経営は決断の連続ですし、とにかく自らすぐに行動していかなければなりません。

振り返ってみると、社長をする以前からサラリーマンでは部長として部署のメンバーを束ねたり、学生のときもクラスやサークルのまとめ役としてリーダーシップをとってきました。

そんな経験を重ねながら、自分自身でも

「リーダー役に向いているんだな」

と気づくようになりました。

４（ＦＣ）のタイプは、明るさとともに、ひらめきや創造性もあるタイプです。

私はそこを活かして前述したように、研修のオリジナルコンテンツを自分で次々に作り出しました。

同業他社を見回すと、コミュニケーションや自己啓発で有名な研修のほとんどが、アメリカ

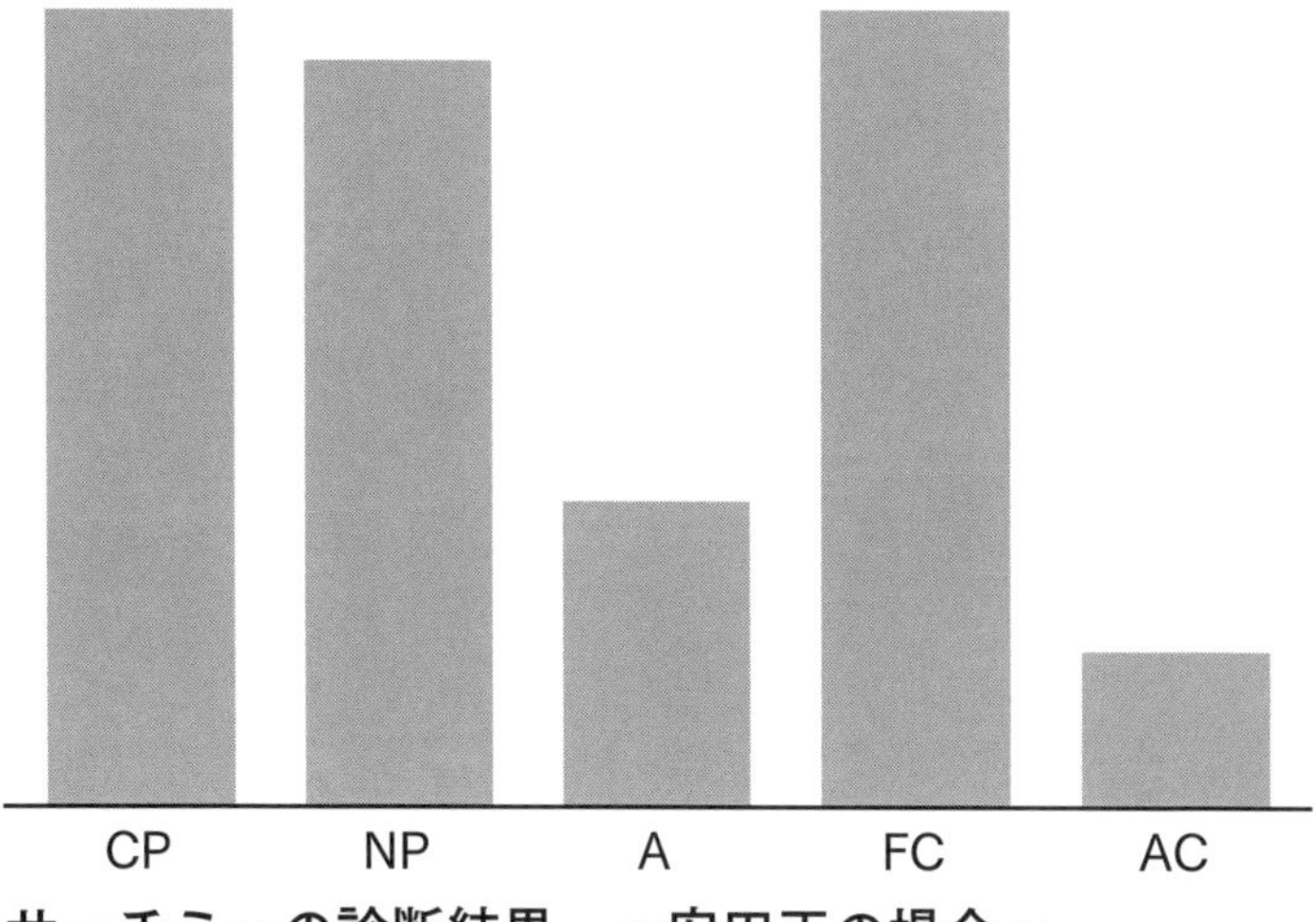

サーチミーの診断結果　～安田正の場合～

のコンテンツをそのまま翻訳したものです。かつては私もそれを真似たことがありますが、われわれ日本人にはどうも合っている感じがしません。

そこで、私たち日本人には、日本人に合ったコミュニケーションや自己啓発の方法があるはずだと思い、研究、調査、実践を重ねて、独自のカリキュラムを作りました。

それは長年にわたる地道な作業ではあったのですが、新しいアイディアがどんどんひらめき、それらを形にしていくことは喜びでもありました。

おかげさまで、現在は企業研修だけでも三千社もの会社で導入され、役立てていただいています。その研修をもとに、私の著作も生まれました。これも大きな喜びです。

振り返ってみると、これだけ飽きずに何かを創り出すことを続け、アイディアが湧き出てくるのは、自分自身でも、

「ひらめいて、創造することが向いているのだ」

と実感しています。

このように、私は経験を通して自分の強みとチャレンジングプレイスを発見してきました。そして、このタイプ別診断をしてみると、とても納得できました。

ぜひ、あなたもこれを役立ててください。

第4章

「ご機嫌」が強運へのカギを握る

情熱を燃やし続けるマインドとは？

これまで、私の「夢」×「強み」のストーリーを語ってきましたが、いかがでしたでしょうか？　もしかすると、私が何の問題もなく順風満帆できたかのような印象を持たれたかもしれませんね。

しかし現実は、全くそんなことはありません。社会人になった二年目の頃、仕事が順調になり、貯金も着実に殖えていったと書きましたが、その裏で自律神経の不調に悩まされ、毎日、原因不明の吐き気に襲われていました。

とにかく、仕事をするのが精一杯。休みの日に出かけたとしても「いつ、吐き気に襲われるか」と心配で、とても楽しむ気持ちになれませんでした。仕事終わりの飲み会にも行けなかったのは前述のとおりです。

私の二十代から三十代前半にかけては、体調不良が原因で、本当に苦しい時代でした。もっと楽しいことで若い時代を謳歌したかった、というのが本音なのです。

その後も、会社を経営し始めたものの、苦しいことの連続でした。資金繰りや社員のマネジメントなど、ほとんど思い通りにいきません。何度もやめようと思いました。

これまでに夢の多くが叶いましたが、叶うまでのプロセスは、そうした困難の連続でした。強運になるプロセスには、苦労や地道な努力が欠かせないというのが現実です。

そんな**困難に遭いながらも、努力を続け、夢を諦めないからこそ強運になれる**のです。

つまり**「強運になる」とは、いかに諦めずに「夢」への情熱を燃やし続けられるか**、ということになります。

人間ですから、時にくじけそうになったり、焦ったりするのは当然です。そんなときにも転んでは立ち上がり、落ち込んでは這い上がり、を繰り返せるでしょうか？

それができるかどうかは、全て「マインド」にかかっているのです。

本著は強運になるための本ですから、強運になるにはマインドをどのように保ったらいいのか、を具体的に紹介していきましょう。

強運になるためのマインド、それを一言で表すなら、自分を「ご機嫌」に保つことです。

自分がニコニコしていられるように、思わず鼻歌が出るくらい軽快な気持ちでいられるように、「よし！　やるぞ！」と思えるようになるにはどうしたらいいいか、をよく知っておくことです。

あなたは自分が「ご機嫌」になるには、どうしたらいいか知っていますか？

そもそも、あなたはいつも「ご機嫌」でしょうか？

たとえば、私が〝貯金の鬼〟になって、土日に副業の家庭教師にいそしんでいた頃のことです。

最初はお金のために漫然とやっていましたが、徐々に教えるコツや希望大学に合格させるコツをつかめるようになりました。

すると、「英語が一番苦手」と言って、テストをすると二、三十点だった生徒さんの点数がみるみる上がり、そのうち「英語が一番得意になった」と言って七、八十点も取れるようになったのです。

最終的には、「英語のおかげで点数が取れて合格しました」と何人もの生徒さんから感謝の言葉をいただき、本当に嬉しくなりました。

お金よりも、生徒が変わっていくことや、私の特技を大いに活かしている充実感のほうが勝るようになったのです。**この状態は、自分の強みを活かしてい**

るからこそ得られるものです。

仮に、私が特に自分の強みとは関係のない、別の形でお金を稼ぐことができたとしましょう。その場合、お金を手にするときは一瞬ご機嫌になるかもしれませんが、それがずっと努力を続けられる原動力になり得たかというと、やはり難しかったと思います。

「自分の強みを活かし、何かを達成している」

こんな気持ちがあったからこそ、家庭教師のアルバイトを三十年近く続けられたのです。

これは金メダルを目指しているアスリートを考えてもわかるでしょう。

「金メダル」という遠い目標だけのために、毎日毎日、何時間も肉体を限界まで追い込むような辛いトレーニングを、数十年も続けられるでしょうか？

おそらく、そのプロセスで
「今日は○○という技ができるようになった」

「今日は記録が更新できた」

「みんなに『すごいね』と言ってもらった」

というような経験をしていることでしょう。

それによって、**競技をすること自体が楽しい、やりがいがある、何だかゲーム感覚になってきた、とご機嫌な状態になれる**のではないかと思います。

夢が大きくなればなるほど、当然そのプロセスにはさまざまな困難があり、長い時間も必要になります。そうした**プロセスに、ご機嫌に取り組めるかどうかで、その結果が出るまでのスピードや達成度が全く異なります。**

人は、大きな夢に向かって邁進していると、往々にして自分の気持ちや感情を無視しがちです。「辛いのは当然」「苦しいなんて言ってられない」と自分にムチ打つこともあるでしょう。

しかし、第3章の「感情ヒューリスティック」のところでも述べたように、人は大事な決断を下す場面であっても、意外と気持ちや感情に左右されてしまうものです。

さらに、不機嫌な状態のときには、強運のチャンスがやってきても気づくことが難しいものです。ご機嫌な状態だからこそ、チャンスに気づきキャッチできるのです。

ですから、**自分の気持ちを「ご機嫌」(=ポジティブ)に保つことは、強運**

体質に最速でなれるかどうかの「カギ」といえるのです。

強運ポイント⑰

自分の「強み」を活かした達成感があるからこそ、「ご機嫌エネルギー」という原動力が生まれ、「強運」になっていく。

スキルアップを加速させ「夢」に近づくために

ご機嫌な状態が重要なのはわかった、でも、そういう状態になれるのは夢へ向かって順調に進んでいるときだけじゃないか……という声が聞こえてきそうです。

その通りです。残念ながら、いい状態のときでないと、自然にご機嫌にはなりません。

しかし、**夢へのプロセスで重要なのは、苦しいときにどう自分をご機嫌にもっていくか**、です。

では、**ご機嫌な状態は自分でも作り出すことができるのでしょうか？**

答えは「イエス！」です。

自分で自分をご機嫌にする方法、これについて説明していきましょう。

この方法は、

1　研修を日本人が行うことで効率よく回すために（多くの顧客にとって、日本人講師の方が格段に安心です）

2　自分のレベルアップのために

という二つの目的を達成するために、私自身が必要に迫られて編み出したものです。きっかけは、営業に加えて講師業を始めたことでした。

ずっと研修会社の経営と営業をやっていた私は、お客さんから言われて、その研修の講師をする機会を得ました。そこから徐々に「営業＋研修講師」の掛け持ちが増えていきました。

それは、ひょんなきっかけから始まったことでしたが、やってみると「講師もやることで、もしかしたら私のイメージしている『夢』に効率よく近づけるかも……」

と感じるようになったのです。

私のイメージしている「夢」とはもちろん「大きな家を建てる」ために「お

金を稼ぐ」こと。研修講師をすると当然、講師料ももらえて稼ぎがよくなるため、**より早く「夢」に近づけている実感があったのです。**

加えてスキルアップも加速しました。

自ら講師を経験することで、研修内容の理解が深まり、また受講生の気持ちもわかるようになり、それが営業をする際にとても参考になったのです。今まで以上に、トーク力や企画書のレベルを上げることができました。

同時に講師としても、それまでの営業経験で培われた相手の興味をひく話し方やサービス精神が大いに役立ちました。

こうして、講師業も営業も相乗効果でスキルを上げることになりました。

この**スキル上達は、私にとっての「夢」へのコマを効率よく進める要因となったの**です。

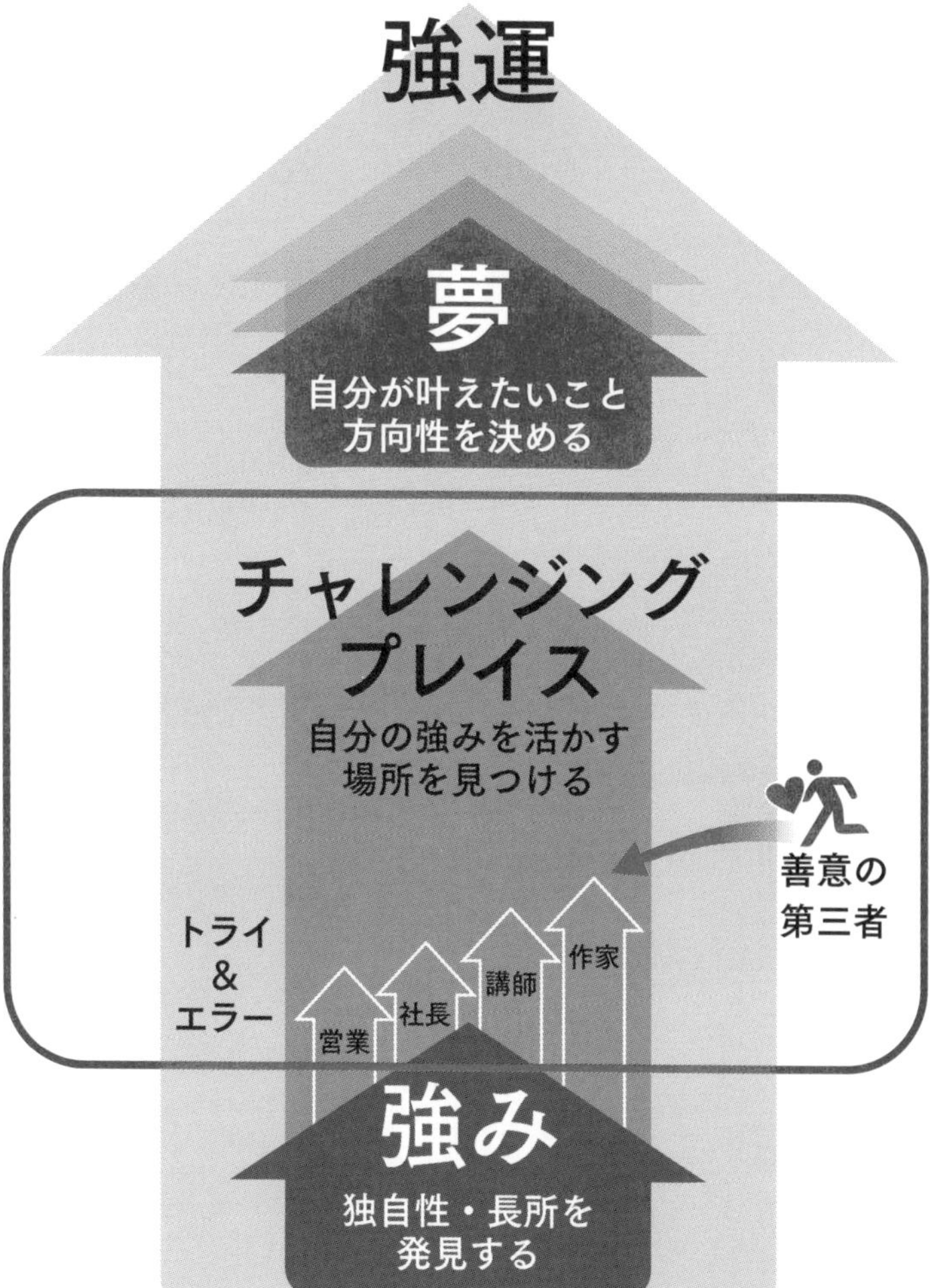
強運
夢
自分が叶えたいこと
方向性を決める
チャレンジング
プレイス
自分の強みを活かす
場所を見つける
善意の
第三者
トライ
&
エラー
営業
社長
講師
作家
強み
独自性・長所を
発見する

「ご機嫌」であるためのルーティーン

そんなときに、それまで以上にマインドを冷静に保つ、もっと言うと「ご機嫌な状態」にする必要が出てきました。

なぜなら、経営者で営業もやりつつ、セミナー講師もこなしていくには、自分自身でご機嫌な状態を作り出さないと仕事が回らないからです。

特に会社経営をしていると毎月の資金繰り、社員のマネジメント、その他にも次々と多種多様な乗り越えるべき課題が出てきます。イライラし、不安になることばかりで心が休まりません。

一方、セミナーで接する受講生の方々とは、一期一会です。皆様の前に立つとなると、そのときの私の心の状態とは関係なく、最高のセミナーを提供しなければなりません。

「今日は体調が悪くて……」

「今月は資金繰りが大変で、悩んでます……」

だから気分が乗らなかったなどという言い訳は、決してできません。


ですから、セミナー前からセミナーの最中は、**もろもろの問題や悩みは外に置いておき、ご機嫌な状態でいなければならない**のです。


もちろん、これは営業でも同じです。

それまでも営業に伺って、「はいはい、売り込みだったら帰ってください」くらいは言われたことがありました。

もちろん相手の言い方もひどかったのですが、振り返ると私自身もご機嫌でなく、ちょっと不機嫌な感じで接していたのだな、と反省しました。

きっと私の不機嫌が相手にも移ってしまって、そのように言われたのかもしれません。

講師業も営業も、そして会社経営も、すべてはご機嫌だからこそうまくいく。経験を重ねるにつれ、そんなふうに感じ始めていました。

そうした理由から、いつもご機嫌でいるための自分なりのルーティーンを考え、以来三十年以上、特にセミナーの前には必ず実践しています。

これは、スポーツ界では「プレ・パフォーマンス・ルーティーン」と呼ばれるもので、アスリートたちが各々のやり方で実践しています。元大リーガーのイチロー選手が、バッターボックスで右手にバットを持ち、左手でユニフォームを触る仕草はつとに有名でした。

こうした**ルーティーンには、心を落ち着け、集中力を増し、気持ちを前向きにする効果があります。**

私はこれを**「ご機嫌」に移るための準備運動**と呼んでいます。毎回、最高にご機嫌な状態で、セミナーを受けるみなさんの前に立つためです。

そのルーティーンの中で私が特に意識しているのは、「五感を刺激する」こと。

五感とは「視る・聴く・味わう・触る・嗅ぐ」ことです。

人間は、五感に直接訴えられることに一番反応します。つまり、**五感はマインドに直接的に影響を与える**、ということです。


では、実際私はセミナーの前にどんなルーティーンを行い、自分をご機嫌にしているのかをご紹介しましょう。

五感を心地よく刺激するマイルーティーン

●視る

これはいろいろあるのですが、一番単純な方法は「お天道様」「朝日」を視ることです。

天気の良い日は、お天道様に向かって手を合わせます。こうするとエネルギーをもらっている感じがして、「がんばるぞ」と元気が出ます。

そして、わが家にある神棚に手を合わせます。これもある意味、視覚からご機嫌になる方法だと思います。「ありがたい」という気持ちに自然となります。

この習慣には、医学的に明らかになっているメリットもあります。日光を浴びると、精神安定や脳の活動を活発化させるセロトニンという物質が分泌されます。セロトニンは特にストレスに対しての効能が高く、うつ病はセロトニンの分泌低下が一因とされています。

●聴く

これは何といっても音楽です。

前述したように若い頃から音楽が好きだった私は、お金を貯めて高級オーディオを買いました。以来、お気に入りの何台かのステレオやスピーカーで、毎朝音楽を聴いています。

こうすると、本当に至福の気持ちになります。もちろんご機嫌です。

ちなみに私はどのセミナー会場にも車で行きますが、そのセミナー前の音楽は、いつもエルトン・ジョンの曲と決まっています。これはリズム感が心地よく、集中するのにもってこいなのです。

なぜ、これが必要なのかというと、日常レベルの話し方やテンションでは、セミナーは無理だからです。もう、四十年もの習慣で、セミナーへの戦闘態勢とセットになっています。

自分のイメージとしては、ボクシングの試合前にかかる「ロッキーのテーマ」

と同じです（笑）。

音楽によって「気分」が変わることは容易に想像できると思いますが、実は「行動」も変わります。

米国ロヨラ大学のミリマン教授が行った「音楽の行動誘発効果」を調べた研究によると、耳に入ってくる音楽のテンポ次第で、人の行動が変わることがわかっています。たとえばテンポの速い曲を流すだけで、行動も早くなるのです。

●味わう

もちろん美味しい食べ物を味わえば、誰でもご機嫌になるでしょう。しかし、ここでは私がセミナー前にご機嫌になるためにしていることを紹介します。

それは、必ずセミナー会場には一時間半前に到着し、近所のカフェでコーヒーを飲むことです。もし、カフェや駐車場が見つからない場合は、車の中で、コンビニなどで買ったカフェ・ラテを飲みます。

コーヒーに含まれるカフェインの効果はよく知られているので、みなさんの中にも仕事の能率アップに活用している方が多いかもしれませんね。

私の場合は、セミナー前にコーヒーをゆっくり味わうことで、集中力が増すとともに心を落ち着ける余裕も生まれます。これは長年続けている方法の一つです。

●触る

直接的には「触覚」を意味しますが、少し広く解釈をして、その場の雰囲気に触れる、としましょう。

そのためにセミナーが始まる一時間半前には到着し、会場にできるだけ早く入るようにしています。多くの場合、講師控え室に案内されるのですが、「まずは会場を拝見してもよいでしょうか」とお願いして、会場を見せていただきます。

ここで会場の雰囲気を味わうのです。ときどき早くいらした受講生と雑談をすることもあります。そんなふうにして会場の雰囲気に触れ、初めての会場に慣れていくわけです。受講生の方々も緊張して会場に入って来られますから、私はちょっと余裕を持って、できるだけご機嫌になってみなさんを待つ、ということを習慣にしています。

●嗅ぐ

好きな香水、好きな香りを使うことがあります。

セミナー時につけるのはカルバン・クラインのものです。かなり軽めの柔らかい香りで、これで心が優しくなるような気がします。すると、受講生の方にも穏やかに接することができるのです。

本の執筆や何かの企画のアイディアを出すときには、クリスチャン・ディィオールの爽やかな香りを使います。そうしたときに好きな香水をつけたり、部屋用のフレグランスを吹きかけたりすると良い気分になり、ひらめきが降りてきやすくなるのです。

このように、私はまずは五感から、手っ取り早く自分をご機嫌な状態に持っていくようにしています。

ぜひ、あなたも好きな音楽、好きな香りなどを探してみてください。

もしくは、シャワーを浴びる、神社に立ち寄る、豊かな自然の写真を見るなど、全く違った独自の方法で五感を刺激するのもいいですね。

何をすれば自分の心が喜ぶかを探してみることも、強運への道をご機嫌に歩むための第一歩です。

強運ポイント⑱

五感を刺激してご機嫌になる、自分だけのルーティーンを見つけよう。

自分の「ご機嫌傾向」を知る

五感からご機嫌になる私の方法をいくつかご紹介しました。

しかし、これだけでは充分とはいえません。これらに追加して**自分の「ご機嫌傾向」を知るということが大切**です。

これも私の例を紹介しながら解説していきましょう。

●奢られるより、奢るほうがご機嫌

現在、私は社長という立場上、あるいは年上という立場から、奢るほうが多くなっています。しかし、私のご機嫌度からいうと、たとえ私が客という立場であっても、あるいは相手が同級生であっても、**奢るほうが好きなのです。**

ですから、通常では奢られる側になる場合でも、その居心地の悪さから、うまいこと奢る側に回るようにしています。

もちろんその理由は、ご機嫌でいられるからです。

そのために、まずは自分のほうから会食に誘います。そして、なるべくスムーズに会計を済ませるようにします。相手が席を立ったときに、そっと済ませておく。同席した秘書や社員に会計をしてもらうなど、相手を恐縮させないような心遣いも大切ですね。

●プレゼントをもらうより、プレゼントをするほうがご機嫌

これも趣旨は「奢る」と似ていますが、**プレゼントをもらうよりプレゼントをするほうがご機嫌です。**

私は自社の社員や出版に携わっていただいた編集者の方、あるいは仕事で深く関わった方々の誕生日には、お祝いをしたり、プレゼントをしたり、または電話をかけたりします。

もちろん私の誕生日にも祝ってもらったり、プレゼントをいただいたりするのですが、**人に差し上げるときのほうがワクワクします。**

やはり相手に「ありがとうございます」と、笑顔でお礼を言ってもらうと嬉しいものです。

ちょっとしたことですが、何かと毎日のようにお祝いしています。それが私のささやかな喜び、ご機嫌の元になっています。

●みんなと飲むことがご機嫌

私は自他共に認める「酒豪」です。大袈裟ではなく、ビールなら瓶で十本はいけます。

三十五歳を過ぎてからよい漢方薬に出会い、体調が改善しました。今は体を気遣って、もっぱら焼酎をたしなんでいます。

しかし、お酒自体が好きなわけではありません。自宅では全く飲みません。**ただ、みんなと一緒に飲むことが好きなだけ**です。

やはり、セミナーなどのイベントが終わった後、みんなで飲むお酒は美味しいものです。私にとっては、最高の充実感を得られる至福のときです。

「ああ、この仕事ができてよかった」と感じる瞬間です。

それを考えると、一緒に仕事をした後に飲める仲間が欲しくて会社を経営しているのか？　と、ふと思うことがあります。そんな理由で会社を経営する人はなかなかいないでしょうが……。

しかし、私のご機嫌の元がそんなところにあるのは事実です。

●時代劇を見るのがご機嫌

自宅のバー兼リビングで、大好きな時代劇を見るのもまた、最高のご機嫌タイム。だいたい途中から眠ってしまうのですが、それもまた最高です。

私は勧善懲悪のストーリーを見ると心底スッキリします。

特に、昔の役者さんたち（今はもう亡くなっている方々がほとんど）のセリフ回しは、私の講師としての話し方に活かせますし、そのセリフに出てくる日本語があまりにも美しいので、毎回感動しています。

それをメモして、本にしたのが拙者の『超一流できる大人の語彙力』です。

こんなふうに、好き、かつ役立つ時代劇は、私にとってなくてはならないものであり、特に私のご機嫌には欠かせません。時代劇鑑賞は、経営やセミナーなどで緊張している心をほぐしてくれるリラックスタイムでもあります。

以上が、私のご機嫌傾向の一部です。

あなたも自分がご機嫌になれる物、時間、状態をぜひ洗い出し、それらを活用して、なるべくご機嫌でいられるようにしてください。

そのときに**大切なのは、自分のご機嫌と他の人のご機嫌を比べないこと**です。**何がご機嫌か、何が幸せかは人それぞれ**です。

たとえば、世間一般で言われている幸せ――お金持ちになる、家や車を買う、結婚して家庭を持つ、たくさんの友人を持つなど――に幸せを感じる人もいれば、それらとは違うことに幸せを感じる人もいます。

ご機嫌も同様です。この人のやり方がカッコいいとか、これが流行りだとか、みんながこうしている、といった他の人の方法は一切関係ありません。

あくまでも自分自身に正直に、自分独自のご機嫌を追求しましょう。

そして、本当に心地よい、ワクワクする、楽しいと感じることをぜひ見つけてください。

あなたのご機嫌な状態が、そのまま「夢」へ向かう原動力となり、最終的には「強運」へと導くのですから。

強運ポイント⑲

自分でご機嫌な状態を作り出そう。ご機嫌になれば努力も苦にならない。

第5章

「善意の第三者」によって強運へと飛躍する

「善意の第三者」ってどんな人？

「善意の第三者」とは、「強運」を考える際に私が作った言葉です。

それは

- **自分を夢へ向かって引き上げてくれる人**
- **夢へ向かう自分を応援してくれる人**
- **夢への障害を乗り越えようとするとき、救いの手を差し伸べてくれる人**
- **「チャレンジングプレイス」を拡張してくれる人**

のことを指します。

自分の強みを活かしながらトライ＆エラーを続けていると、必ずこの「善意の第三者」が現れるのです。

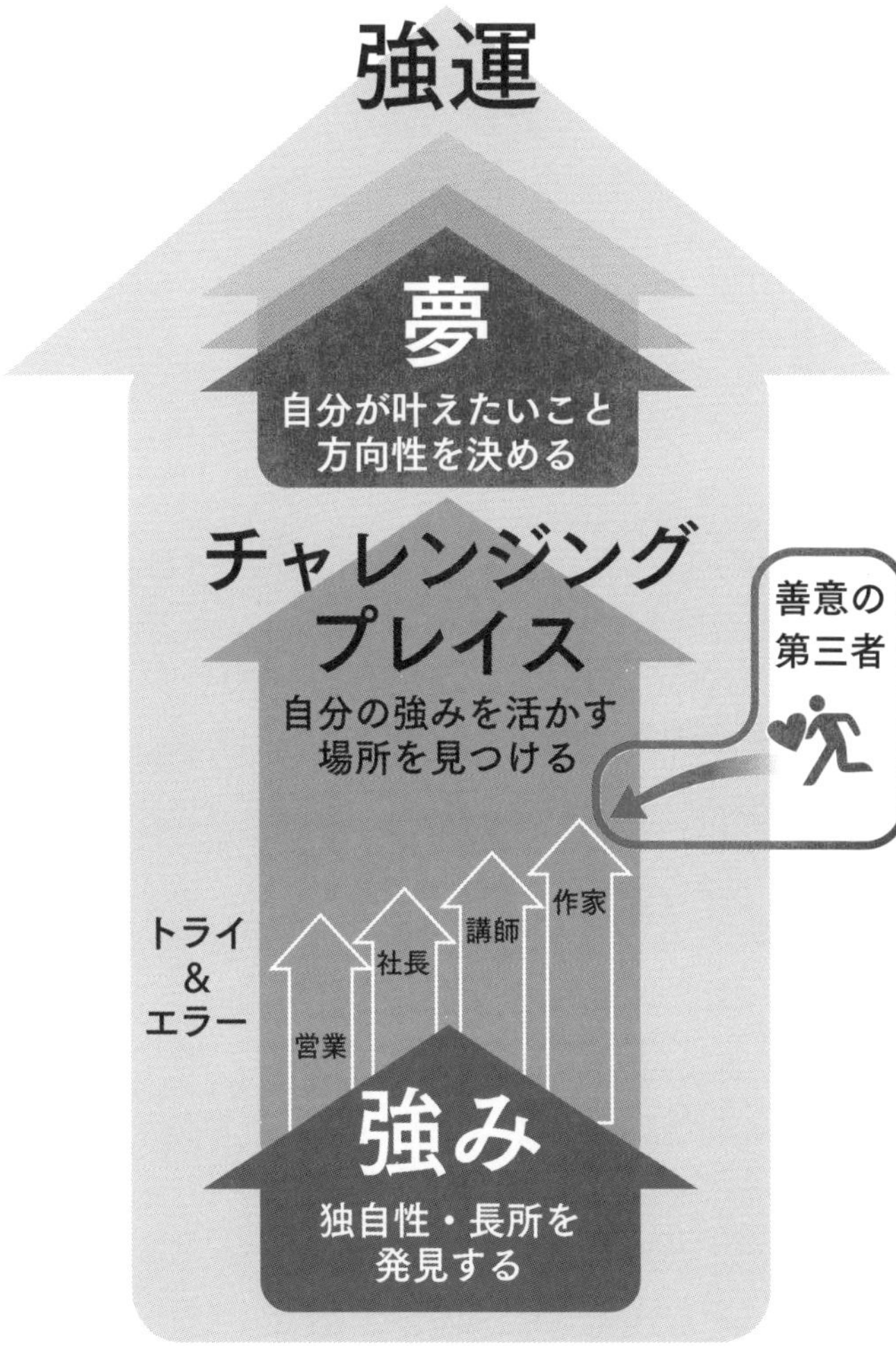
強運
夢
自分が叶えたいこと
方向性を決める
チャレンジング
プレイス
自分の強みを活かす
場所を見つける
善意の
第三者
トライ
&
エラー
営業
社長
講師
作家
強み
独自性・長所を
発見する

孟子《もうし》の言葉で「天の時、地の利、人の和」というものがあります。この三つは**「発展、成功」の条件**であり、しかも**「天の時」よりも、「地の利」よりも、「人の和」がより大事な条件**であるといわれています。

「天の時」とは、まさに千載一遇のチャンスのこと。大きなチャンスがやってきたとき、それをとらえられたらもちろん成功できるでしょう。

「地の利」とは、その土地の利点ですから、もともと持っていたものになります。これを私は、もともと備わっている「強み」であると考えます。大きなチャンスよりも大事なこと――、それは、もともと持っている強みであり、それを活かさないことには成功はできません。

最後の**「人の和」は、人からの助け、応援、協力、導きです。**これが成功には一番大切だ、というのが孟子の言葉の意味です。

そして、この「人の和」こそが「善意の第三者」です。これがあってこそ強運は成り立つのです。

私自身のこれまでの成果の八割くらいは、この「善意の第三者」に引っ張り上げられ、助けられたおかげだと思っています。自分の「トーク力」という強みをますます強化し、想像をはるかに超えるようなことが実現できたのは、振り返ってみると、他人の力があってのことでした。

そんな「善意の第三者」のありがたみを感じるたびに、「ああ、これが強運ということかもしれない」と実感してきたのです。

強みを発見し、助け、応援してくれる「善意の第三者」

強みの発見のところにも書きましたが、子どもの頃の私は、トークは自分の弱点だと思っていました、しかし、担任の先生によって、それが強みだと気づくことができました。

また、二十四〜五歳の頃、クライアントである大手商社の支店長・Nさんに突然「あなたは将来、社長になる人だ」と言われ、会計の勉強を教えてもらいました。このときは心底驚きましたが、今なら、**自分では見えないものが他人には見えたりする**とわかります。

また、入社二年目で大阪支店長になったとき、右も左もわからない土地で本当に多くのクライアントさん、特に研修担当者の方々に助けてもらいました。どの方も、「仙台出身の若者に、大阪でしか学べない商売の仕方を教えてあげよう」と親身になって接してくださり、本当にたくさんの教えをいただきました。

二年間という短い間でしたが、最後の送別会には会社は関係なく、三百人ものクライアントさんが大きな会場を貸し切って参加してくれました。

会社の経営を始めてからは苦労が多かった分、人からの助けや応援をたくさんいただきました。特に起業したばかりで、お金も人手も何もなく、ファックス一台で自宅のマンションで仕事をしていた頃は、いつもいろいろな人に助けてもらいました。

研修のテキストを作ろうにもワープロがありません。当時、何十万もして高くて買えなかったのです。そんな話をふとテニスの仲間にすると、「じゃあ、うちの事務所にあるワープロを使うといいよ」と申し出てくれたのです。そのKさんは大きな料亭の跡取り息子。彼のおかげでさまざまなテキストや資料を作り、何とか創業期を乗り切ることができました。

その他にも、事務所を貸してくれた人、コピー機を貸してくれた人、事務作業を手伝ってくれた人、人を紹介してくれた人……、本当に周りの人のおかげで成り立っていました。

もちろん、これまでの人間関係においてスムーズにいったことばかりではありません。しかし、**多くの出会いの中で、「善意の第三者」の助けや導きが強運につながっていったことは事実です。**

紹介してあげるよ
貸してあげよう
教えてあげるよ

「善意の第三者」によって活躍の場も広がる！

「善意の第三者」は強みを発見したり、助けてくれたりするだけではありません。**自分が予想もしなかったチャンスを運んでくれ、それによって強運は加速**します。

たとえば、作家としての活動は、ここ十年くらい私の中核になっていますが、ここまで活躍の場が広がったのは、ある人との出会いがきっかけでした。

私は今までに三十冊以上の書籍を出版し、おかげさまで十万部、十八万部のベストセラーを出し、中には八十九万部のベストセラーになったものもあります。特にここ六、七年の著作が立て続けにベストセラーになっているのですが、そのきっかけを作ってくれたのも「善意の第三者」でした。

その人こそ、『1億稼ぐ話し方』の編集をしてくれたNさんです。彼は累計一千万部のベストセラーを出してきた有名な編集者でした。今は独立し、プロデュースなどで活躍されています。

たまたまご紹介いただだいてお会いしたのですが、それまでの編集者とは全く違う本の売り方を教えてくれました。

「これからは本だけ売っていてはダメです。本をきっかけに、他のことにもつなげていかないと……」と言われました。

それは本をきっかけに、読者にセミナーに参加してもらうよう持っていく方法の提案でした。本は自分のビジネスを発展させていく入口である、という考えだったのです。

彼は、もはや編集者というよりプロデューサーでした。実際、本の制作にとどまらず、まさにプロデュース的なアドバイスをしてくれました。そして、出版社とテレビ会社が組んだセミナーを企画・開催し、その後も何度もそうしたイベントを開催してくれました。

また、その本からのご縁で、今は仲のいい友達である作家の山﨑拓巳さんと対談をさせてもらうことになりました。

これは初めての対談イベントだったので、私の周りの人たちは、「これまで講師として一人で話してきた安田がトークライブで話せるのか」と心配していました。

しかし、ふたを開けてみると……、結果は大盛況。蔦屋書店さんで行ったこのイベントには百人以上のお客さんが集まり、全員立ち見でスシ詰め状態でした。私と山﨑さんとのトークライブは大盛り上がりで、笑いがあふれ、立ち見だったこともあり、まるでコンサートのようでした。

ずっと私の研修を見てきた会社のスタッフにも、「こんなライブコンサートのような社長のトーク、見たことありません！」と言われました。

以後、何度も山﨑さんにはトークライブをご一緒していただいて、毎回盛り上がっています。

こんなふうに**私の新たな面が引き出されたのは、もともとはNさんのアドバイスから始まったこと**でした。彼がイベントを開催してくれ、それが山﨑さんとの出会いにつながり、また、そこから何度もの対談イベント開催へとつながっていったのです。

さらに、そのことがきっかけで、以降は本を出版したらどんどんイベントが開催されるようになりました。

各書店でのイベント、紀伊國屋ホールでのイベントにも呼んでいただきました。私のような講演者にとって、紀伊國屋ホールとは高校球児にとっての甲子園のようなもの。普段、緊張しない私ですが、身が震えたのを覚えています。

そして、ついに幕張メッセで行われる七千人のイベントにも呼んでいただきました。

こんな展開は私には全く予想できませんでした。これは、**人から人への紹介や人から声をかけていただいたことが、まるで数珠つなぎのようになって実現**

したことです。

私はその著作とNさんとの出会いから、書籍出版に関してのまさに**パラダイムシフトというべき、大きな転換を経験**しました。Nさんが拡張してくれたさまざまな「チャレンジングプレイス」のおかげで、これ以降も運が重なり、次々とベストセラーを出せるようになったのです。

また、人生の想定外であった、大学院での授業も、もちろん私一人で成し得たことではありません。

私の会社のビッグクライアントである、自動車会社の元副社長のOさんがお話をくださいました。

「わが社でやってくれた安田さんの研修を、私の母校、東京大学でもぜひやってもらえないか」というのです。

私のキャリアでは分不相応な……。

東大など門の前を通ることはあっても、まさかその門をくぐる日が来るとは、本当に夢にも思っていなかったのです。

その私が東大の大学院の学生さんに、コミュニケーションや英語を教えさせていただくとは。これは○さんという善意の第三者なしには、あり得ないことでした。

また、早稲田大学も同様です。二〇二〇年時点でとうとう十二年間も、早稲田大学大学院で教鞭をとらせてもらっています。

これもひとえに十二年もの間、本当に親しくしていただいている朝日教授のおかげです。

大学の将来を見据えて常に新しいことを取り入れている朝日教授や事務員の方々、そして学生さんたちには、本当に家族のような愛着を感じるまでになってきたほどです。

こうした**「善意の第三者」との出会いやコラボレーションは、強運を加速**させます。**自分一人でがんばるより、数十倍のレバレッジを効かせられるようになる**のです。

強運ポイント 20

「善意の第三者」との出会いで、強運へのレバレッジが効いてくる。

想像もしていなかった未来が拓かれる

ここまで、私にとっての「善意の第三者」について述べてきました。

こうしたことは、私にだけ起こることではありません。**「自分の強み」を活かして努力しながら強運への道のりを歩いていれば、必ずあなたにとっての「善意の第三者」が現れる**ということです。

あなたは将来の夢をどう描いたでしょうか？

社長に昇り詰める、起業家になる、クリエイターとして活躍するなど、人それぞれだと思いますが、**その夢が大きいものであればあるほど、強運をつかむためには第三者の力が必要**になります。

自分一人で運を強くしようと努力しても限界があるのです。

たとえば、夢へのゴールの第一歩として、こんなことを掲げたとしましょう。

・営業でトップの成績を上げる
・課内で一番優秀な社員として認められる
・プレゼンでの採用確率を１００％にする
どれも素晴らしいゴールではありますが、言ってみれば、自分が考えられる範囲内のことです。

強運をつかむというのは、自分では想像もできないようなことが起きる、ということです。「こんなことが現実に起きるなんて！」と驚くほどのラッキーな出来事がやってくることです。

そんな強運は、第三者が運んできます。

・あなたが努力を重ねている「強み」に気づき、
・「こいつはできる奴だ」と評価し、
・「こんな仕事を振ってみようか」と想定外のチャンスを与えてくれる

それが「善意の第三者」なのです。

話は少し逸れますが、あなたは、歴史上の人物である石田三成をご存じでしょうか？

石田三成は後に太閤秀吉に仕えた名家臣ですが、そのプロセスには私の好きなこんなエピソードがあるので、ご紹介しましょう。

秀吉が鷹狩りの帰りに喉が渇き、あるお寺に立ち寄ったときのことです。そこには、まだ寺の小坊主だった三成がいました。

秀吉がお茶を所望すると、その小坊主がさっと持ってきたので飲み干しました。そのお茶がとても美味しかったので「もう一服」と所望すると、二杯目のお茶は先ほどと味が違います。

「これは、どういうことだ？」

と尋ねる秀吉に、小坊主はこう答えました。

「お殿様は喉が渇いてらっしゃると思い、先ほどはぬるめの茶をお出ししました。二服目は味わっていただこうと思い、やや熱めの茶にしたのです」
これに感服した秀吉は、すぐに家臣として三成を引き上げ、その後、三成は出世街道を驀進《ばくしん》していきました。

そもそも秀吉自身が「気配りの人」だったので、三成の気配りをすぐに見抜いたのでしょう。成功者がある人の利点に気づき、当時の三成には想像もつかなかった家臣という高みへ引き上げたという好例です。

人生の階段は、一人でも上っていくことができます。しかし、**自分の努力が大化けして一足飛び十段も二十段もステップアップするには、他者の力や助け、応援が必要**です。
「強運」を運んでくるのは、偶然でも、神でもなくて、「人」だということを胸に刻んでおいてください。

思わずチャンスを与えたくなる人とは……

さまざまな善意の第三者に助けられてきた私ですが、この歳になると逆に、私が若者の役に立ったり、アドバイスしたりする機会が増えてきます。そんな私のちょっとした紹介や手助けによって、転職した人、ライフワークを見つけた人もいます。

自分が「善意の第三者」に助けられたときには「なぜ、こんなことまでしてくれるのだろう」と不思議に思ったものですが、自分が誰かにチャンスを与える側になると、思わずそうしたくなる人たちには、ある共通の傾向があることに気づきました。

そこで、「善意の第三者」がチャンスを与えたくなる六つの傾向を紹介しましょう。こんな傾向があればチャンスが来やすい、つまり強運になれるということです。

あなたの性格特性に当てはまるかどうか、チェックしてみてください。

1　素直である

チャンスとは「これまでの自分の経験値とは全く違う、想定外のこと」です。

これまでの延長線上にある当たり前のことや普通にできることであれば、チャンスとは言いません。

「善意の第三者」は、そんな成長のチャンスやアドバイスを与えてくれます。

しかし、このチャレンジを乗り越えれば自分は成長できる、とわかっていても、そんなときには必ず失敗の不安や恐怖もついてきます。いわゆる心理学でいう「コンフォートゾーン（安心していられる範囲）」を越えるときは、誰でも不快感を味わうものです。

ですから、チャンスをチャンスと思わなかったり、あるいはアドバイスに耳を傾けることができなかったりすることがあります。

そこで**不安や不快を乗り越え、チャンスやアドバイスに対して素直に耳を傾**

けることは、とても大切です。もちろん「はい、はい」と聞くだけでなく、行動も変えていくことです。

行動が変わったあなたの様子を見て、チャンスやアドバイスをくれた人は、その後もきっと良い方向へと導いて、助けてくれるでしょう。

私は新卒で入った英語の研修会社で営業をしていましたが、売上が上がったので、すぐに大阪支店長の職を拝命しました。まだ社会人経験二年目で、誰も知り合いのいない土地にたった一人で、しかも、新規開拓から始めなければなりません。もちろん不安だらけでした。

しかし、断る立場になかったので、「やるしかない！」と前向きにとらえ、大阪に向かいました。そこでの経験がまさに、その後の社長業に役立ったことは前述したとおりです。

しかし、同じ命令があっても、そこで

「いいえ、新米の僕にはとてもとても……」

と言ってしまう人がいます。

私は自分が社長になり、社員にチャンスを与える立場になって、そういう人がとても多いことに驚きました。私から見たら「できる！」と思ってチャンスを与えているのですが、

「いいえ、私にはとてもとても……」

と、やる前から自分で自分の限界を決めてしまっているのです。

それは私からすると、人がせっかく言っているのに素直ではないな、という印象です。

考えてみたら、人は基本的には自分にしか興味がありません。そんな他人がわざわざ何かアドバイスをくれたり、チャンスをくれたりするわけですから、一度は真剣に受け止めたほうがいいでしょう。

特に若いときこそ、その瞬間を逃さないことが後のステップアップにつながっていくと思うのです。

素直さは「善意の第三者」と関わるための第一条件なのです。

2　努力を惜しまない

これもごくごく当たり前のことですが、人が思わず応援したくなるのはがんばっている人です。私たちが会ったこともなく、親しくもないアスリートを応援するのは、がんばっているからに他なりません。

そのためには、他人が認めてくれるステージまでは、何がなんでも昇らなくてはダメです。

他人の目に触れるようになって初めて

「そこをこうしたほうがいいよ」

「こうしたらどう?」

と提案してもらえるのです。

私が営業をしていたとき、会社経営者が救いの手を差し伸べてくれたのは、やはり私が目標に向かって邁進していたことが一番大きい要素では、と思っています。

努力をし続けていると、必ず応援者が現れ、夢へと導いてくれるのです。

3　礼儀正しい

感情ヒューリスティックでも書きましたが、人は「好きか嫌いか」で判断してしまうものです。しかも、好きか嫌いかの判断は、中身をよく知る前に行われます。

つまり、**ほとんど第一印象で決まる**わけです。そう考えると出会いの入口で嫌われては「善意の第三者」と関わることができません。

すると、入口での礼儀正しさというのは、誰に対しても必要になってくる要素でしょう。なぜなら、礼儀を知らない態度というのは、相手に「尊重されていない」と感じさせてしまうからです。

どんな人であっても入口で「尊重されていない」と感じると、助ける気にも、アドバイスすらする気にもなりません。

ですから、最低限の礼儀はとても重要です。


具体的には、以下のようなことに気をつけましょう。
・きちんと敬語を使う
・話を聞く態度で相手を不快にさせない（腕組みをして座る、アイコンタクトをしない、相槌が「うん」「ああ、そう」など偉そうなのはNG）
・荒い、汚い言葉遣いをしない（ヤバイ、うざいなど特にネガティブな発言は荒い言葉を使いがちなので要注意）

私は『超一流 できる大人の語彙力』（プレジデント社）という本を出版していますが、「その人の立場や見せ方によって使うべき、知っておくべき言葉」

があると考えています。それが、各々が身につけるべき「語彙力」だと思うのですが、世の中では「語彙力」＝「敬語」だと誤解されている節があります。敬語を身につけただけで「語彙力がある」と思ってしまうのは違うでしょう。礼儀正しいとは、真の「語彙力」を身につけることではないでしょうか。

その他のマナーとしては

・約束の時間に遅れない

これは、相手との信頼関係に大きく影響します。私からすると「遅刻をするなど信じられない！」というレベルなのですが、人からの紹介にもかかわらず、その面会に遅れてくる人がいます。これが善意の第三者に出会えるチャンスかもしれないのに、出会う前からそのチャンスを失っている……そう感じずにはいられません。

紹介というのは多くの場合、当然チャンスを与えてくれそうな人に行います。

そんな人はたいがい多忙の合間を縫って会ってくれるわけです。そこへ時間に遅れてくる……、そんなふうに想像してみてください。

礼儀が足りないというのは、そんな相手への想像力が足りないということにもなります。

その他、

・話の途中で携帯を見ない
・メールやメッセージでは丁寧な言葉遣いをする
・ご馳走してもらったら、すぐにお礼メールを出す

などです。

これらを読んで「そんな当たり前のこと……」と思うかもしれませんが、案外できていない人は多いものです。気をつけましょう。

礼儀正しく、を習慣にすれば人生において得をします。

4　社会の基本的なルールを身につけている

これも意外とできていない人が多いのです。

誰かから「あれ、どうなりました？」と聞かれたら、それは「報連相」が足りていない証拠。人から言われてはいけないフレーズです。

そもそも報連相は、仕事において本当に重要な事柄です。なぜなら、この報連相によって

「この人はこのことをしっかり理解できている」
「この人にこの業務を任せられそう」
「この人はちゃんと物事を進めてくれる」
「この人はこのことの重要性をわかっている」

と、信頼関係が築かれていくからです。

それが、ほんのわずかな連絡や報告であっても、
「〇〇は×日に終わります」

「了解しました」

「三日ほど遅れそうです」

という報連相の中には、とても大きな信頼が隠れているのです。

これができていると、

「ああ、この人はこういう些細なことの重要性をわかっている。それだったら何か手を貸そう」

という気持ちになるわけです。


つい最近も、ある二人の方を知人の会社に推薦しました。すると、一人からは面談のたびに報告の電話があるのですが、もう一人からは何の連絡もありません。

どちらも良いところがあるから推薦したのですが、最終的にどちらをプッシュしたくなるかはわかるでしょう。「善意の第三者」にもこうした人情があ

ります から、報連相は大切です。

いくら素直であっても、努力していても、報連相ができていないのは大きな損失だということを心に留めておいてください。

5　感謝する

これも当たり前のことですが、心の中で感謝していてもダメです。必ず声や行為で示しましょう。

というのも、私が驚くのは人を紹介しても、お礼を言ってこない人が案外多いということです。私の感覚だと信じられません。

私は仕事などの紹介をいただいたら、そのときに報告を兼ねてお礼を言うのはもちろん、その後も紹介された人と会ったときなど、すぐに紹介者の方に進捗の電話をします。

会う回数が多かったら毎回ではないですが、ある程度の結果が出たら必ずお礼を伝え、食事などで感謝の気持ちを伝えます。

これは若い頃からそうしていました。

さらに、これは拙著『一流役員が実践している仕事の哲学』（クロスメディア・パブリッシング）にも書いたことですが、会社の役員の方々は、接待した次の日の朝七時には「昨日はご馳走様でした」というお礼メールを送ってきます。これは、皆が皆そうなのです。ところが、部長や一般社員となると、見事にメールがありません。

このことを見るにつけても、やはり**「感謝する」ことが、善意の第三者に引き上げられる差となって表れている**ことがわかります。

また、感謝の気持ちは、言葉とともに、ちょっとしたプレゼントなどでも伝えます。

新卒の頃、仙台に帰省した際に、仙台の有名な「長なす」をクライアントのみなさんに差し上げたら、すごく喜んでもらえました。

まだ新卒でお金がない頃だったので、どの方もそのことを知ってか、感激してくれました。一箱五百円くらいのものです。しかし、そのお土産には

「いつも感謝しています」

という気持ちを込めています。その気持ちを喜んでくださったのだと思います。

感謝の気持ちは言動で伝えてこそ、意味があるものになります。

ぜひ、言葉や行為で感謝を伝えられる人になってください。

6　まめなコミュニケーションをとる

これは要するに、ご縁を大切にして、忘れないようにしてもらう努力です。

久しく会っていない人は忘れてしまうものです。

もしかしたら、会ったばかりの頃は「善意の第三者」ではなかったかもしれない人が、その後、あなたの人生に大きな影響を与える「善意の第三者」に変

わるかもしれません。

ですから、ご縁は大事にし、それを長続きさせるための努力をしたほうがいいのです。

私はコミュニケーションをとる一つの方法として、相手の誕生日を祝っています。「お誕生日おめでとうございます」という電話やラインでのメッセージ、または直接会って食事をしたり、プレゼントを贈ったりしています。「お誕生日おめでとうございます」と言われて、嫌な気持ちになる人はいません。だったらそれを利用したほうがいいのです。

まめなコミュニケーションがなぜいいかということには、科学的な根拠もあります。

心理学でいわれている「ザイアンス効果」——単純接触は好感度を上げるということです。忘れられないようにまめにコミュニケーションをとることで、

忘れられないどころか好きになってもらえるのです。

今の若い人を見ていると、こうしたコミュニケーションが下手だなぁと感じますし、そもそも人との関わりが減っているように思います。

今はＳＮＳもありますから、その点ではまめなコミュニケーションがとりやすい時代になりました。**運を強くするためには、人との関わりが何よりも大事**です。ぜひ、そんなツールも活用してみましょう。

強運ポイント㉑

「善意の第三者」に好かれるのは、人との関わりやコミュニケーションを大切にし、最低限の礼儀をわきまえた人。

COLUMN

強運への布石　三十本の電話

コミュニケーションで大事なのは前述のように、「関わった人とつながりを持ち続ける」ということです。

そのために私は、毎日三十本くらい電話をしています。

毎日三十本というと多いように感じるかもしれませんが、ほんの数分で終わったり、そもそも通じなかったりというケースもあるので、毎日何時間も……というわけではありません。

たとえば、出版の際にお世話になった編集者や営業の方などには、

「○○書店では、平積みで本をたくさん置いてくれていました」

とか、

「○○雑誌に書籍の紹介を載せてもらいました」

とか、

「私の友人が本を読んでこんな感想をくれました」

などの情報をしょっちゅう電話で伝えています。

そんな感じなので、中には編集者の方から

「自分の会社の社員よりも、安田さんとのほうがたくさん話している」

などと言われます。

先日もふと、ある友人に久しぶりに電話をしたところ、

「実は今、S社の役員である、友人のTさんと飲んでいるんだ。そしたら、ちょうど安田さんの本の『雑談力』の話になっていてね」

と言われました。そして、

「Tさんが安田さんと話がしたいって言っているのだけど」

と電話を代わったのです。

それから、

「いやー、あの本すごく面白かったです。特にあの部分が……」

などと、ほんの一分くらい会話をさせてもらいました。

これは、ほんの些細な偶然かと思っていたのですが、なんと次の日に

「安田さんの『雑談力』の講演をS社でやってほしい」

とのご依頼を受けたのです。

これは、私が偶然にもかけた一本の電話が運んできた強運です。

この事実だけを知ると、「安田さんは強運だから」の一言ですまされそうですが、実はその陰に「毎日三十本の電話」という強運への布石があります。

運は「善意の第三者」によってもたらされます。

しかし、その**第三者の「善意」は、自分の「努力」によってもたらされることがほとんど**なのです。

おわりに〜「強運」になるためのコミュニケーション〜

本書では「強運」になるための方法を、私の実例をふんだんに交えながら解説してきました。

まずは「夢」を見つける。そこを目標地点に定めたら、次は、自分の「強み」を磨きつつ、「チャレンジングプレイス」で努力を続ける。そうすればおのずと「善意の第三者」が現れ、あなたに「強運」が運ばれてくるのです。

いまはまだ、そんな未来が信じられないかもしれません。けれど、最初に述べたように、これは**ゲン担ぎでもスピリチュアルでもない、誰でも強運になれる再現性のあるメソッド**です。**どうか諦めることなく一歩ずつ歩みを進めて、明るい未来を手にしていただきたい**と思っています。

ここで、特に若い方々に向けて、私の専門分野であるコミュニケーションに関連するお話をしておきましょう。

強運になるためには、どんな時代であってもコミュニケーションが欠かせません。そして、強運になるためのコミュニケーションにはコツがあります。

それは、「人から好かれるコミュニケーション法」を取り入れること。コミュニケーションは人との関わりの入口ですから、ぜひ毎日の生活で意識してみてください。

主なポイントは三つです。

1　好かれる表情

人が相手を好きか嫌いか見極めるのは、最初の二秒で決まるそうです。ほんの一瞬なわけです。

そうなると最初の表情はとても重要です。具体的には何といっても「笑顔」

でしょう。本当に笑顔は大切です。

その後のコミュニケーションの質や量にも大きな影響を与えます。つまり、「この人と関わりたい（質）」、「もっといろいろなことを話したい（量）」と思ってもらえるかどうかが、最初の表情で決まるわけです。

しかし、わかっていても、この笑顔ができていない人が大変多いことを痛感しています。表情を見ていて、「笑顔がいい」と思える人は実に1％くらいでしょう。百人に一人の割合です。残念ながらみなさん、そこまで意識ができていません。

「笑う門には福来たる」とはまさに真実で、「善意の第三者」がやって来るのは笑顔の人なのです。

2　肯定的なレスポンス

肯定的なレスポンスとは、コミュニケーションにおいて、まずは相手を受け入れることです。

「でも……」

「だって……」

といった言葉から入るのは、できるだけやめましょう。そこからは何も生まれません。

相手の話を聞きたくないのであれば、いっそのこと、そこで会話をやめたほうがマシなくらいです。

感情ヒューリスティックでも書いたように、自分自身に受け入れる土壌がない、そんな気持ちになれないというときは、どうしても相手に不快感を与えるコミュニケーションをとってしまいがちです。

日頃から、肯定的なレスポンスを習慣づけるようにすることをおすすめします。

3　会話したことを実行する

これは特に仕事においてですが、何のために会話をするのか、ということをいつも意識しておくことです。

まずは会話を通して多くの場合、

①相手との距離を縮める

という目的があるでしょう。次に、

②お互いに話の内容を理解する

③次のステップに進む

というように、話が進んでいきます。

つまり、会話が終わったときには、次へのアクションが見えているはずです。これを意識できていない人が、実に多いのです。だから、せっかく知り合って会話をしても、それが何ももたらさないことになってしまうのです。これでは出会った意味がありません。

会話をする↓次のアクションに進む↓相手に次のアクションをした結果を報告する↓また会う

こうしたことを繰り返すことによって、コミュニケーションは意味を持ちます。そのことを忘れないようにしてください。

では最後に、私が最も好きな言葉を挙げて、本書を締めくくりましょう。

それは、

「燕雀《えんじゃく》安《いずく》んぞ鴻鵠《こうこく》の志《こころざし》を知《し》らんや」

です。

意味は、燕雀（ツバメやスズメ）のようは小さな鳥には、鴻鵠（オオトリやクグイ）のような大きな鳥の志すところは理解できない。つまり、小人物には大人物の考えや志がわからない、ということです。

私はこの言葉に、本当に助けられました。

たとえば、社長のことをああだこうだ言う人は燕雀です。低いところにいて、低い視点で上の人に文句を言うわけです。

しかし、社長はまったく別の視点で、別の世界を見ています。社長業とは孤独な商売ですから、理解されなくても一人で戦うしかありません。それをわかっていても、やはり部下からの言葉に落ち込むことがあります。そんなとき、自分を肯定してくれるのが、この言葉でした。

自分は何をよしとし、何に価値を置き、何を信条として生きるのかと考えるとき、こうした鴻鵠の視点が必要です。

中国では、「小人《しょうじん》」と「大人《たいじん》」の分け方が一つだけだというのをご存じですか？

それは、「権力」のあり・なしではありません。

その人に「志」があるかどうかです。

大人には志があります。小人はこれがないから、少しばかりのお金を儲けてみたり、人を羨んであぁだこうだ言ったりするのです。

大人（＝大人物）になるためには、志を持つこと。それは、器の大きい成功者になるために必要な資質でもあります。

人生の道のりがまだまだ長い若い人には、ぜひ、高い志を持って歩んでいただきたいと願っています。**その道は、必ず「強運」へとつながっていく**と信じています。

安田　正

やすだ・ただし

株式会社パンネーションズ・コンサルティング・グループ代表取締役。早稲田大学グローバルエデュケーションセンター客員教授。1990年法人向け研修会社パンネーションズを起業。現在は英語、ロジカル・コミュニケーション®、プレゼンテーション、対人対応コーチング、交渉などのビジネスコミュニケーションの領域で講師、コンサルタントとして活躍している。大手企業を中心に研修やコンサルティングを行っており、多くの役員との交流がある。東京大学、早稲田大学、京都大学、一橋大学などでも教鞭をとる。

主な著作に『英語は「インド式」で学べ！』（ダイヤモンド社）、『できる人は必ず持っている一流の気くばり力』（三笠書房）、シリーズ累計89万部を超えた『超一流の雑談力』（文響社）などがあり、ベストセラーを連続して世に送り出している。

●安田 正 オフィシャルファンサイト「安田正.com」
　http://yasudatadashi.com/

●

出版プロデュース
平田静子

デザイン・DTP
本橋雅文（orangebird）

イラスト
アツダマツシ

編集協力
上原千友、武末明子、佐藤雅美、出雲安見子

協力
道祖土千夏（パンネーションズ・コンサルティング・グループ）

超一流の強運力

2021年2月15日　第１刷発行

著者……………………安田　正
発行者………………千葉　均
編集……………………碇　耕一
発行所………………株式会社ポプラ社
〒102-8519
東京都千代田区麹町4-2-6
Tel：03-5877-8109（営業）
03-5877-8112（編集）
一般書事業局ホームページ　www.webasta.jp
印刷・製本……中央精版印刷株式会社

N.D.C.336／246p／19㎝　ISBN978-4-591-16612-3